Nationalism

ナショナリズムを理解できないバカ

日本は自立を放棄した

適菜 収
Osamu Tekina

小学館

特別協力／中野剛志
ブックデザイン／杉本欣右
校閲・校正／櫻井健司（コトノハ）

はじめに

日本は変な国になってしまった

日本は変な国になってしまいました。

もちろん、「日本はアメリカやロシア、中国と対等に渡り合う大国だ」と思っている人もいるかもしれません。

しかし、現実は悲しい。

一昔前の日本は「経済一流、政治は二流」などと言われていましたが、今は「経済三流、政治は論外」です。

国を急速に解体してきたのは「保守」を名乗る連中でした。そして一昔前なら「国賊」「売国奴」と非難されるような勢力が、七年八カ月にわたり放置されてきました。

二〇一三年九月二五日、ニューヨークの証券取引所で、

「もはや国境や国籍にこだわる時代は過ぎ去りました」

と言い放った男がいました。ジョン・レノンでも極左カルトでもありません。「保守」

から支持を集めた日本の総理大臣です。
《今日は、皆さんに、「日本がもう一度儲《もう》かる国になる」（中略）ということをお話しするためにやってきました》
《ウォール街の皆様は、常に世界の半歩先を行く。ですから、今がチャンスです》
二〇一四年一月の世界経済フォーラム年次会議（ダボス会議）で安倍晋三は、徹底的に日本の権益を破壊すると宣言。電力市場の完全自由化、医療の産業化、コメの減反の廃止、法人税率の引き下げ、雇用市場の改革、外国人労働者の受け入れ、会社法の改正などを並べ立て、
「そのとき社会はあたかもリセットボタンを押したようになって、日本の景色は一変するでしょう」
と言い放ちました。
要するに、構造改革で「岩盤のように固まった規制」（安倍）を取っ払うので、ウォール街の皆さんは一儲けしてくださいよ、というわけです。

ドナルド・トランプ
（1946年〜）
アメリカの実業家、政治家。アメリカ合衆国第45代大統領。「アメリカを再び偉大に」をスローガンとした。所得税を10年間納めていなかった疑惑が浮上した。　写真：AP/アフロ

この「もはや国境や国籍にこだわる」ことのない男の言葉どおり、日本政府は一貫して国家の解体を続けてきました。

北方領土の主権を事実上放棄し、ＴＰＰ（環太平洋パートナーシップ協定）や日米ＦＴＡ（日米貿易協定）など不平等条約締結に邁進《まいしん》し、保護貿易を否定。アメリカ大統領のドナルド・トランプが横田基地から入国しようが日本は文句のひとつも言いません。米軍人はパスポートも必要ありません。要するに治外法権です。

日米地位協定では、アメリカ側が先に容疑者を拘束した場合、起訴されるまでアメリカ側が身柄を拘束すると規定しています。また、公務中の事件や事故はアメリカ側に第一次裁判権があり、日本の刑事裁判にかけることは難しい。毎日新聞（二〇二〇年五月三〇日）の記事によると、全国の検察庁が二〇〇一〜二〇一八年に扱った米軍関係者の刑法犯八一一二人のうち、起訴猶予を含め七〇四四人が不起訴処分とされ、このうち一一七四人が「公

務中」が理由になっています。公務にあたるかどうかは米軍が判断するので、要するにやりたい放題です。にもかかわらず安倍は国会答弁で「日米地位協定は運用改善だけで十分。改定は必要ない」という立場を取り続けました。

安倍と周辺の一味は国民のライフラインである水道の民営化も目論《もくろ》んでいました。これまで幾多の国が民営化した結果、水道料金は倍以上の値段に跳ね上がり、しかも質が落ちて国民から反発の声が高まり、ほとんどの国が民営化から公営に戻しているのにもかかわらずです。

外国勢力が放送を乗っ取るようにお膳立てしたのも安倍です。放送法四条の撤廃を目指した放送制度改革で、安倍は、外資が放送局の株式を二〇%以上保有することを制限する規定の撤廃を目指していました。

また、嘘《うそ》とデマにより移民政策を推し進めた結果、日本は世界第四位の移民大国になっています。

安倍は皇室に対しても執拗《しつよう》に嫌がらせを続けてきました。震災の被災者の方々に寄り添う天皇陛下のものまねをして、茶化して見せた。これは亀井静香が明らかにしていますが、皇室に対する憎しみは普通ではありません。

安倍がやってきたことは、一昔前の「保守論壇」が厳しく非難してきたものばかりです。配偶者控除の撤廃を目論み、外国に六〇兆円をばら撒《ま》き、憲法九条第一、二項を残しながら、第三項を新たに設け、自衛隊の存在を明記するという支離滅裂の加憲論により、改憲派が積み上げてきた議論を全部ぶち壊しました。

対米、対ロシア、対韓国、対中国、対北朝鮮……。すべて外交で失敗しているのに、安倍信者の脳内では「外交の安倍」ということになっているらしい。たしかに外国では安倍の評価は高い。当たり前です。ネギを背負った鴨《かも》がやってくるのに拒絶する必要はありません。

結局、食いものになったのはわれわれ日本人です。

大阪では「維新の会」が発生します。

創始者の橋下徹は「日本的」という言葉をマイナスの意味で使います。橋下は一時期大統領制の導入を唱えていましたが（今はトーンダウンして首相公選制）、維新の会の狙いは皇室の解体だと思われます。

「能や狂言が好きな人は変質者」

「日本国民と握手できるかわからない」

といった言葉からもわかるように、橋下は「日本」に対する怨念《おんねん》を隠しもしません。

テレビ番組では「外国人政治家」に言及。

「国籍関係ないでしょ」

「有権者の意思で、有能な外国人を選んでもいいじゃないか」

「政治家は、最後は有権者が『選ぶ』か『落とす』が決められるから、もう極端なことを言えば外国籍でもいい」（「橋下×羽鳥の番組」二〇一六年九月一九日）

国家主権という意識が揺らいできたのではありません。

特にこの三〇年間にわたり、明確な目的を持って国家主権を破壊する勢力が、国家とメディアの中枢に食い込み、騙《だま》された日本人がそれを支持してきたのです。

どうしてこんなことになってしまったのか？

まずは国家とはなにかを理解する必要があります。

ナショナリズムと近代とは深い関係にあります。

だから、近代国家、近代社会について考えるときは、ナショナリズムを知る必要があります。

左翼、右翼、保守といった概念についてもそうです。ナショナリズムを理解しないと、それらの概念もわからなくなる。そうなると、保守の対極にあるものを「保守」として担ぎ上げる現在の日本のような状況になってしまう。

近代を理解すれば、世界史の中で自分が立っている場所がわかるようになります。

そもそも、自分がどこに立っているかわからなければ進むべき方角もわかりません。

最初の一歩が踏み出せない。

「航海者」という渾名《あだな》を持つポルトガルのエンリケ王子が、三〇海里程度の誤差をもって自分がいる位置を確定できる表を天文学者や数学者につくらせたことにより、長距離の航海が可能になりました。これにより、人間の精神は拡張し、一方世界は縮小します。

歴史学者、哲学者、社会人類学者のアーネスト・ゲルナーは言います。

《確かに、何か普通ではないこと、何かユニークなことが起きていたの

アーネスト・ゲルナー
(1925～1995年)
イギリスの哲学者、社会人類学者、歴史学者。近代産業社会の形成とナショナリズムとの相関関係を示した議論で多大な影響力を持つ。著書に『民族とナショナリズム』など。　写真：Geoff Howard/Camera Press/ アフロ

であった。世界を均質のものとして、体系的な、無差別の法則に従うものとして、そして無限の開発に開かれたものとみなすこと、そうすることによって、あらかじめ確たる予想も制限もなしに様々な手段を新たに結合する無限の可能性が提供されたのであった》（『民族とナショナリズム』）

大航海時代におけるグローバリズムはやがてナショナリズムを生み出します。そしてナショナリズムの問題を直視してこなかったことが、日本、及び日本人のメンタリティーを決定づけてしまった。本書ではそれを明らかにします。

ナショナリズムを理解できないバカ
～日本は自立を放棄した

◉目次

第三章　民族主義と保守主義

第四章 グローバリズムが世界の秩序を破壊する

第一章

Chapter 1

ナショナリズムとは何か

二つのメルクマーク

一九世紀半ばあたりから多くの哲学者や歴史家が、近代が前近代に戻ることができない構造であることを示した上で、近代の末路について語ってきました。

ドイツ連邦・プロイセン王国出身の哲学者、古典文献学者であるフリードリヒ・ヴィルヘルム・ニーチェは《私の物語るのは、次の二世紀の歴史である。（中略）この未来はすでに百の徴候のうちにあらわれており、この運命はいたるところでおのれを告示している》（『権力への意志』）と言いました。

ニーチェが亡くなったのは一九〇〇年ですから、次の二世紀とは二〇世紀と二一世紀のことです。

前半の一〇〇年、つまり二〇世紀において全体主義という地獄が発生したプロセスについては、ニーチェの予言は完全に当たりました。

フリードリヒ・ヴィルヘルム・ニーチェ
（1844～1900年）
ドイツの哲学者、古典文献学者。主著に『善悪の彼岸』『ツァラトゥストラはこう語った』など。またキリスト教は生を破壊するとし、強者の道徳の構築を試みた。　写真：Everett Collection/アフロ

そしてこれから説明するように、後半の一〇〇年、つまり二一世紀についても明るい将来を描くことはできません。

それもまた「百の徴候」のうちに現れています。

私は近代が最終段階に入ったのではないかと判断しています。

わが国においても、それが明確に見えてきました。

私は二つのメルクマールがあると思っています。

一つは二〇一五年の安保法制の際、国を運営する手続きを破壊したことです。

安倍晋三は、お仲間を集めて有識者懇談会をつくり、そこで集団的自衛権を行使できるようにお膳立てをしてもらってから閣議決定し、「憲法解釈の基本的論理は全く変わっていない」「アメリカの戦争に巻き込まれることは絶対にない」「自衛隊のリスクが下がる」などとデマを流

安倍晋三
（1954年～）
日本の政治家。第90、96～98代内閣総理大臣を務める。この写真は「ウラジーミル。君と僕は、同じ未来を見ている」という迷演説をした東方経済フォーラムでのもの。　写真：新華社 / アフロ

し、内閣法制局長官の首をすげ替え、アメリカで勝手に約束してきて、最後に国会に諮り、強行採決しました。

仕舞いには、首相補佐官の礒崎陽輔が、「法的安定性は関係ない」と言い出しました。発言を撤回したとはいえ、これは近代国家としての建前をかなぐり捨てたということです。

二つ目は、安倍に関連する省庁をまたがる大規模な不正が発覚し、責任がうやむやになっていることです。入管法改定に関する法務省のデータ誤魔化し、森友学園問題における財務省の公文書改竄《かいざん》、南スーダンPKOにおける防衛省の日報隠蔽《いんぺい》、裁量労働制における厚生労働省のデータ捏造《ねつぞう》など、国の信頼が完全に破壊されました。

こうした国家の破壊に対して、「自称保守」は黙っているどころか礼賛する始末です。集団的自衛権に関する議論では、安倍の弩級《どきゅう》のアホ発言が飛び出しました。

《憲法が権力を縛るためのものだったのは王権の時代。その考え方は古い。今われわれが改正しようとしている憲法は、国家権力を縛るためだけではなく、私たちの理想や国のありかた、未来について語るものにしていきたい》

完全にルーピー（気がふれている）でしょう。

これが小学生の意見なら微笑《ほほえ》ましいし、中学生の意見なら「しょうもない」で終わる話だが、一国の総理がここまでバカだと危ない。

もちろん、いつの時代だろうが憲法は権力を縛るためのものです。

王権の時代なら王権を縛り、近代なら民主権力を縛る。

権力は必ず暴走するからです。

英語で「consutitution」という言葉があります。これは、憲法という意味ですが、同時に国体という意味も含まれています。

従来の憲法学でも、「固有の意味の憲法」（広義の憲法）と「立憲的意味の憲法」（狭義の憲法）が区別されています。「立憲的意味の憲法」は「国家権力を縛るための憲法」という意味で、「固有の意味の憲法」は国家の秩序の根本規範、つまり国のかたち（国柄）を表現する規範類一般を意味します。

安倍がそんな区別を知っているとも思えないが、「固有の意味の憲法」の場合でも、歴史的・伝統的な正統性を持っているような規範を指すとしか考えられず、「私たちの理想や国のありかた、未来について語るもの」などというお気楽なものであるわけがない。

近代国家において、成文法として定められる憲法典は、実際には「立憲的意味の憲法」であるというのが常識です。安倍が理想や未来を語ったものが憲法になるなら、それこそ王権時代への逆戻りでしょう。

「国体護持」と騒いでいる自称保守が憲法破壊を進める自民党を礼賛し、一方、左翼の一部は、安倍を「ナショナリスト」「右翼」「復古主義者」と誤認し、的外れの批判を繰り返してきました。

彼らは「日本のナショナリズムが高揚している」と言いたがりますが、現在急速に進行しているのは、ナショナリズムの衰退です。本質を見抜けないという点においては、ネトウヨもバカサヨもそれほど変わりはありません。

ちなみに安倍政権を支持していたのは「右翼」でも「保守」でもありません。安倍政権の支持率は四割前後ありましたが、右翼や保守が四割もいるわけがないでしょう。安倍政権を維持していたのは財界（政商）と広告代理店です。それと周辺のカルト、ネトウヨ、新自由主義を保守と勘違いしているバカ、改革幻想に踊らされ思考停止した大衆です。

「保守」がなんであるか理解していない人間が保守を名乗るようになったのも、近代大衆社会に起因する問題です。そして、そこには「ナショナリズム」の問題が大きく関わってきます。

私は日本がおかしくなったのはある意味で必然だと思っております。「必然」というのは少なくとも保守的な発想ではありません。保守は歴史を説明する統一原理を否定するからです。にもかかわらず、近代の病の蔓延《まんえん》にはやはり確固とした流れを見出すことができるのです。

環境は自己の人格の半分を形成する

私は時間があると旅に出ます。毎回新しい発見があるからです。

二〇一九年にはスペインに二週間ほど行きました。バルセロナから首都のマドリードに行き、さらに南部のアンダルシア地方を回りました。

行ってみると肌で感じることがあります。

バルセロナは日本人がイメージするヨーロッパの都市といった感じでした。パリやロンドンとも空気がつながっている。おおざっぱな感想ですが、私はそう思いました。

バルセロナからマドリードまでは高速鉄道のＡＶＥで行きました。距離は約六二〇キロ。

ＡＶＥは時速三〇〇キロなので新幹線より速い。マドリードの駅に降りると、漂っている空気がバルセロナとは違いました。それは単にマドリードが標高六五五メートルの高地にあるからではない。

私は空気のにおいに敏感なところがあります。

二〇一五年の大阪「都構想」を巡る住民投票の取材に行った際、新幹線の新大阪駅のホームに降りると「悪のにおい」がしました。それはともかく、バルセロナとマドリードはやはり違う「国」です。それは歴史を辿ればすぐにわかります。

バルセロナはカタルーニャ自治州の州都です。カタルーニャ民族は独自の伝統や言語を持っています。中世には、アラゴン連合王国として地中海の覇権を握っていました。

こうした歴史があるので、いまだに独立運動が続いています。

レアル・マドリードとバルセロナのサッカーの試合が白熱するのは一種の代理戦争だからでしょう。

要するに、国家イコール民族と簡単には言えないということです。

スペインには独自の言語を持つバスク地方もあります。

われわれ日本人がスペインと聞いてイメージするのは、アンダルシアの文化です。闘牛、

ホセ・オルテガ・イ・ガセット
（1883～1955年）
スペインの哲学者、思想家。生の理性を重視する人間論を展開。著書に『大衆の反逆』『ドン・キホーテをめぐる思索』『現代の課題』など。　写真：Everett Collection/アフロ

フラメンコ、パエリア……。アンダルシアは西ゴート王国に支配された後、七一一年にウマイヤ朝に征服されます。後ウマイヤ朝はコルドバに都を置き、西方イスラムの経済文化の中心地として繁栄しました。一四九二年、グラナダが陥落し、スペイン王国に統一されますが、この八世紀にわたるイスラム支配がアンダルシアに大きな影響を与えています。

有名なスペインの哲学者ホセ・オルテガ・イ・ガセットが育ったのもアンダルシアです。

彼は《環境は自己の人格の半分を形成する》と言いました。

オルテガは一八八三年にマドリードで生まれます。四～五歳頃から、冬をコルドバの別荘で過ごすようになり、八歳のとき、南部地中海岸のマラガ近郊にイエズス会が経営していたミラフローレス・デル・パロの学院に入学、一四歳までの六年間を「この光の王国」（オルテガ）で過ごしました。

一八九八年、スペインは米西戦争に敗北。当然、これはオルテガの精神に大きな影響を与えます。

私はコルドバ、グラナダ、ネルハ、マラガ、ミハス、ロンダ、セビーリャを回りましたが、そこでもナショナリズムの問題について考えていました。単一民族と国家が重なり合っているケースは例外で、ほとんどの場合、国家は複数の民族を抱え込んでいます。カタルーニャの民族主義を抑えつけているのはスペイン国家です。

イギリスもそうです。

イギリスはアングロ＝サクソン系のイングランド、ケルト系のウェールズ、スコットランド、北アイルランドで構成される連合王国です。カトリック色の強いアイルランドで自治独立運動が続いてきたのはご存じのとおりです。

日本では国家主義と民族主義を同一視するような風潮がありますが、それは勘違いにすぎません。

一度、分解したものは甦らせることはできない

海外ではもちろん、その国のことがわかる場所に行きます。

その一つがレストランです。

遺跡や美術館、街を散歩するのも大切ですが、レストランに行くとわかることがあります。

バルセロナでは、かたつむり料理の老舗Los Caracolesに行きました。ここは亡くなってしまったイタリア料理人の澤口知之が絶賛していた店です。

店内は薄暗く、注文すると、三〇個ほどのかたつむりをソースで煮たものが出てきました。それで「ああ、なるほどな。これは澤口さんが六本木にあったイタリア料理店アモーレで出していた海の味、潮の味だな」と。

ネットを見ると、Los Caracolesを酷評するサイトがありました。たしかに、古い店ですが、最初から流行など気にしていません。昔ながらのものを昔ながらに出している店です。

翌日はバルセロナでは唯一のミシュラン三ツ星のLasarteに行きました。ここはサン・

セバスティアンにある三つ星のMartin Berasateguiの姉妹店にあたります。

余談ですが、料理は小説や音楽や絵画に似ています。時間の流れがあり、視覚に訴えてくる。そこに、味覚や嗅覚、触覚も加わるので、五感をフル動員させることになります。だから、たまには大枚をはたいてきちんとした料理屋に行ったほうがいい。本を読まない人、音楽を聴かない人にはあまり近寄りたくありません。それと同じで、食べるものに注意を払わない人はダメだと思います。

澤口はMartin Berasateguiについても雑誌で述べていました。

《ここスペインでも又イタリアでも同様だが、料理の表現形式がフランス料理又はそれと類似の形であり、そこに土地や街の郷土色が投影されているために、理解も確実かつ迅速にできるのであろう。私はイタリア地方料理が次々にフレンチっぽくなっていく事に対し理不尽を感じていたが、逆に考えてみると、料理も共通のルールの下で技と味を競い合うオリンピックと考えればそれも又一興》(「欲望のレコンキスタ」)

スポーツマンシップは国境を越えるが、同時に国境を強く意識させます。オリンピック

フェラン・アドリア
（1962年〜）
スペインの料理人、レストラン経営者。科学的発想から生まれた料理を創作。従来はフランスが主導していた料理界に、スペインの料理人が台頭する契機をつくる。　写真：EFE/アフロ

やワールドカップでは統一ルールが押し付けられる一方で、国威が発揚する。

私はスペインにおいても、土地に根付いた料理が見直されている一方、一部の料理が極端な形で先鋭化していっているように感じました。

マドリードでは二つ星のLa Terraza del Casinoへ行きました。シェフはパコ・ロンセロ、フェラン・アドリアがアドバイザーになっています。

フェラン・アドリアといえば、今はなきEl Bulliの料理長として有名です。

イギリス人シェフのヘストン・ブルメンタールとともに、アドリアの料理は分子ガストロノミーという概念と関連づけられることが多い。アドリア自身は自分の料理がこのカテゴリーに入るとは考えておらず、「脱構築主義」だとし、「香り、温度、舌触りの思いがけないコントラストを提供すること。全てが見た目通りではない。ディナーを挑発し、驚か

せ、喜ばせるためにアイデアを出すこと」が目標であると述べています。

また、「理想の客はエル・ブリに食事をしに来るのではなく、経験を積みに来る」とも述べている。


私は『エル・ブリ　夢の物語』という全部で一五時間くらいある動画をＡｍａｚｏｎプライムで事前に見ていたので、La Terraza del Casinoの料理もある程度、予測できました。目の前で液体窒素を使ったり、青い皿を使い客に冷たい料理だとフェイントをかけておいて熱かったり。ちょっと白けてしまうところもありました。


分子ガストロノミーを私なりに説明すると、こういうことになると思います。

言葉では伝達できないとされ、時間をかけて師弟関係において引き継がれてきた「職人の技」があります。これを科学的に解析して、数値化・概念化して、再構築すれば、素晴らしい料理をつくることができるという発想です。

これは「近代」の発想そのものです。

それにより、調理法の改善、調理時間の短縮、食材の保存や活用、新たな食材・調理器具の開発などが進められていった。こうして「料理に関する迷信」を払拭《ふっしょく》して「科学的に正しい知識」がもたらされたわけです。最初にこれをやり始めたのは科学者や物理学者でした。

一昔前に某IT企業の元社長が鮨屋《すしや》に修業は必要ないみたいなことを言って話題になったことがありました。たしかに生魚を載せた小さいおにぎりをつくるのにそれほど訓練はいりません。しかし、鮨に求められているものはそれだけなのでしょうか?

私は一時期、鮨にハマりましたが、そこで重視されるのは、数値化・概念化から漏れ落ちるものだけのような気もします。

マドリードでは同じく二つ星のRamón Freixaに行きました。

総じて言えばくそまずい。

箱庭みたいなセットの真ん中にマルガリータのカクテルが載せられていたがぬるくてまずい。鳩《はと》は凡庸。ビーフはチェーンの牛丼屋以下。ソースも意味不明。デザートが苦痛になってきたが、それでも一皿目のキュウリのかき氷のアップルソースを口にしたが、ほとんど残しました。あと二皿出てくる予定でしたが、時間のムダなので切り上げました。カードで払ってチップはなし。二三〇ユーロだから三万円くらいか。一万円はワイン代として、二万円は勉強代。

スペイン最後の夜をムダにしたくなかったので、店を出て、すぐにタクシーに乗り、宿の近くにあるムール貝の専門店に行きました。昔からあるカウンターだけの立ち食いの安い店で、レモンをかけて山ほど食べた。

Ramón Freixaのサイトを見たが、やはりここも「客に考えさせるための料理」を目指しているらしい。たしかにいろいろ考えさせられた。数値化し、合理的に思考すれば正解に辿り着くというのが近代の典型的な思考だとしたら、一度分解したものは再び甦らせることはできないと考えるほうが真っ当な態度なのではないかと。

ゲーテは《生物は諸要素に分解できるが、諸要素を合成することで生き返らせることはできない》と言いました。生命は諸要素の連関です。

概念は暴走します。私にはRamón Freixaの料理は分子ガストロノミーの暴走としか思えなかった。求められているのは頭を動かす料理ではなく、心を動かす料理です。

近代とは前近代的なものを破壊する運動です。

背景には近代啓蒙《けいもう》思想があります。

基本的にはものごとを理性的に合理的に考えれば正解に辿り着くという発想です。だから、迷信や非合理的なもの、言葉で説明できないものを斬り捨てていく。科学的に「正解」

が導き出せるなら、それに従い「運動」により拡張することが「正義」となる。これが近代主義者イコール左翼の発想です。

しかし、人間とはそもそも矛盾を抱えた存在です。

ネイション（国民）の語源はラテン語の「nātĭō（ナチオ）」で「生まれ」の意味を持ちます。われわれは、基本的には生まれた国の国民になります。今でもほとんどの国で、国籍は生誕地か血統に基づいて付与されます。

しかし、われわれは自分の意思で生まれたわけでもなければ、ましてや国を選んで生まれたわけでもない。ただ気がついたときに、すでにその国にいたわけです。

世界とはそもそもそういうものです。

オルテガは、《生とはすべて、「環境」つまり世界の中に自己を見出すことである》（『大衆の反逆』以下同）と言いました。

《なぜならば、環境、つまり、周囲にあるものというのが「世界」なる概念のそもそもの意味だからである。世界とは、われわれの生の可能性の集積である》

人間は世界との関連においてのみ成立します。

純粋な「個人」は、あくまで想像の世界の産物です。

オルテガは、近代人は《過去のあらゆる時代以上のものであるという奇妙なうぬぼれ》を持っており、古典的規範的な時代を認めない。そういうタイプの《新しい生》のあり方が登場したと指摘します。

オルテガは、世の中には二つのタイプの人間がいると言いました。

一つは《自分に多くを求め、進んで困難と義務を負わんとする人々》です。

そしてもう一つは《自分に対してなんらの特別な要求を持たない人々、生きるということが自分の既存の姿の瞬間的連続以外のなにものでもなく、したがって自己完成への努力をしない人々、つまり風のまにまに漂う浮標《ふひょう》のような人々》です。

後者をオルテガは「大衆」と呼びました。

彼らは《自分は「すべての人」と同じであると感じ、そのことに苦痛を覚えるどころか、他の人々と同一であると感ずることに喜びを見出している》。

勘違いしている人もいそうなので、指摘しておきますが、オルテガの言う「大衆」は庶民でも労働者でも下層民でも貧乏人でもありません。

それは、《今日あらゆる社会層の中に現われており、したがって、われわれの時代を代表するとともに、われわれの時代を支配しているような人間の種類あるいは人間のあり方》です。

つまり、大衆性はエリートにも見出すことができる。

《かくして、その本質そのものから特殊な能力が要求され、それが前提となっているはずの知的分野においてさえ、資格のない、資格の与えようのない、また本人の資質からいって当然無資格なえせ知識人がしだいに優勢になりつつあるのである》

近代において発生した二つのタイプの人間については、オルテガだけではなくて多くの哲学者や思想家が指摘しています。

たとえば保守主義の代表的理論家であるイギリスのマイケル・オークショットは、西欧近代は判断の責任を引き受ける「個人」と、そこから派生した「できそこないの個人」という類型を生み出したと指摘します。

後者は、前近代的な社会的束縛を失い、根無し草のように浮遊し、不安に支配される。

そして、自己欺瞞《ぎまん》と逃避を続け、自分たちを温かく包み込んでくれる「世界観」、正しい道に導いてくれる強力なリーダーを求めるようになる。

近代化、産業化により、農村社会から都市部に流出した人々は、故郷を失い、その代償としての疑似共同体に引き寄せられていく。

ドイツ出身の社会心理学者エーリヒ・フロムは、こう言います。

《自由は近代人に独立と合理性とをあたえたが、一方個人を孤独におとしいれ、そのため個人を不安な無力なものにした。この孤独はたえがたいものである。かれは自由の重荷からのがれて新しい依存と従属を求めるか、あるいは人間の独自性と個性にもとづいた積極的な自由の完全な実現に進むかの二者択一に迫られる》(『自由からの逃走』)

近代は判断の責任を引き受ける「個人」と同時に「大衆」を生み出した。そして後者は「隷属の新しい形」(アレクシ・ド・トクヴィル)を求めるようになる。

オルテガは言います。

《（大衆は）法を持つことなく直接的に行動し、物理的な圧力を手段として自己の希望と好みを社会に強制している》

《今日では、大衆は、彼らが喫茶店での話題からえた結論を実社会に強制し、それに法の力を与える権利を持っていると信じているのである》

《つまり、彼らの最大の関心事は自分の安楽な生活でありながら、その実、その安楽な生活の根拠には連帯責任を感じていないのである。彼らは、文明の利点の中に、非常な努力と細心の注意をもってして初めて維持しうる奇跡的な発明と構築とを見てとらないのだから、自分たちの役割は、それらを、あたかも生得的な権利でもあるかのごとく、断平として要求することにのみあると信じるのである。飢《き》饉《きん》が原因の暴動では、一般大衆はパンを求めるのが普通だが、なんとそのためにパン屋を破壊するというのが彼らの普通のやり方なのである。こ

エーリヒ・フロム

（1900～1980年）

アメリカの心理学者。ドイツ出身。自由であるがゆえに孤独であるという近代人の深層に迫り、逃避メカニズムとしてのナチズムを分析。著書に『自由からの逃走』など。　写真：akg-images/アフロ

の例は、今日の大衆が、彼らをはぐくんでくれる文明に対してとる、いっそう広範で複雑な態度の象徴的な例といえよう》

後述するように、こうした二つのタイプの人間はナショナリズムにより発生します。

間違いだらけの「ナショナリズム」の定義

ナショナリズムという言葉を聞くとなにを連想するでしょうか。

右派、右翼、民族主義、復古主義、排外主義……。そういうイメージがある人は多いと思います。しかし、「それなら、ナショナリストの毛沢東やスターリンは右翼なのか」という素朴な疑問も発生する。

左翼は、ナショナリズムと民族主義を結び付けて否定したがりますが、民族主義に基づいた共産ゲリラもいたわけです。

まずは「はじめに」で紹介したゲルナーのナショナリズム理解について見ていきます。

それを私なりにまとめると、「資本主義の要請に従い、世界を概念、数字に分解し、再構成する原理」といったところでしょうか。

要するに、先ほどの分子ガストロノミーみたいな話です。

ゲルナーの研究には、「近代国家がナショナリズムを生んだ」「ナショナリズムが資本主義を生んだので、その逆ではない」といった立場から反論が出て、論争になっていますが、ナショナリズムが近代の産物であるというのは、おおむね正しいと思います。

ナショナリズムは解釈の幅が広すぎるがゆえに、いかがわしい説明が多い。ひどいものになるとネトウヨに毛が生えたようなライターが書いていたり、某ラノベ作家に至っては毛さえない。

よくありがちなのが、ナショナリズムとパトリオティズム（愛国主義）を同一視するものです。

patriotismの語源は「パトリ」というギリシャ語で、祖先の土地という意味です。生まれ育った場所、祖先から受け継いできた土地を愛することがパトリオティズム、郷土愛です。

それで「郷土愛の延長線上に健全なナショナリズムが成り立つ」みたいなことを言いたがる人は多い。

「ナショナリズムは悪いことではないんだよ」

と猫なで声で語り掛けてくる論調もある。

ゲルナーに言わせれば、これは基本的には間違いです。

「受け継いできた」ものを切断するのがナショナリズムの作用です。その一方でナショナリズムは民族の歴史を都合よく利用する。こうした近代国家と民族の間の複雑な関係こそが、「ナショナリズム」を浮かび上がらせます。

ゲルナーは、有名なナショナリズム論『民族とナショナリズム』（以下同）の冒頭でこう定義しました。

《ナショナリズムとは、第一義的には、政治的な単位と民族的な単位とが一致しなければならないと主張する一つの政治的原理である》

大事なのは「一致している」ではなく「一致しなければならないと主張する」というところです。

《端的に言って、ナショナリズムとは、エスニックな境界線が政治的な境界線を分断してはならないと要求する政治的正統性の理論であり、なかんずく、ある所与の国家内部にあるエスニックな境界線によって（中略）権力を握るものが他の人々から切り離されてはならないと要求するそれである》

ゲルナーが指摘するように、ある領域において民族的な同質性を成立させるには、特定の民族以外の人々をすべて殺すか、追放するか、同化させるしかありません。

もちろん、そんなことは不可能です。

ではどのように国家を統合すればいいのか？

簡単です。

民族自体を破壊するのです。

前近代的な社会を解体し、人間を個に分断し、それを再び人為的に接合するのです。

近代はネイション（国民）を創り出す必要があった。

それこそがナショナリズムの正体です。

産業の近代化と宗教改革

なぜ近代社会が発生したのか?

ゲルナーは言います。

《この問題への最良のアプローチは、産業社会における分業と、著しく複雑で、よく発達した農耕社会におけるそれとの違いを考察してみることである。両者の明白な違いは、一方がより安定的で、他方がより流動的であるということである》

近代化とは産業化とそれに付随して起こる社会や文化の変化のことです。

産業社会は、流動的で読み書き能力を持つ労働者を必要とします。「暗黙の了解」で通用するような関係ではなくて、文脈に依存しないコミュニケーションが必要になる。かつての農耕社会では、読み書きができる人はごく少数でした。しかし、産業社会は複雑で全面的な分業を必要とします。そこで、農村から都市部に出てきた人々を社会に組み込むために、国家は中央集権的で画一的な公教育システムを整備します。

だから、権利ではなくて、義務教育なんですね。

さらにゲルナーは続けます。


《この新しい種類の社会的流動性の直接的な結果は、ある種の平等主義である。近代社会は、平等主義的であるが故に流動的なのではない。流動的であるが故に平等主義的なのである。さらに、近代社会は望むと望まざるとにかかわらず流動的でなければならない。その理由は、経済成長に対する凄まじく癒しがたい渇きを満足させるために、そうあることが求められる点にある》

これはすごい指摘ですね。

人間が平等になり社会が流動化したから近代が発生したのではなく、資本主義が労働力の流動化を要請したから、前近代的な身分社会が破壊されたのだと。

こうして産業社会は人間を平等化し、文化的に同質的な社会を生み出します。

ゲルナーによれば少数者である支配階級と大多数の農民が厳格に分離された社会はおよそ五〇〇〇年間続きました。それがなぜ産業社会に突然転換したのか？

ゲルナーは、これは偶発的なものではなく、農耕社会内部における発展の果実であると言います。

少数の識字能力を有するエリートは、彼らのもとで食糧生産に携わる膨大な数の人々と文化を共有していませんでした。また、被統治者も複数の言語文化に分裂していたので、不満がネイション（国民）形成に向かわなかった。

ゲルナーは言います。

《しかし、知識階級はある日普遍化し、社会全体と共存するようになる。それは彼ら自身の努力でもなく、英雄的または奇蹟的な対内的ジハード（聖戦）によってでもなく、はるかに効率的で、社会に深く根ざした力によってであり、分業や生産そして認識の過程の性質全体が完全に変容したためである》

もうひとつ重要になるのが宗教改革です。

一五一七年、ドイツのマルティン・ルターが「九十五箇条の論題」を発表し、教皇レオ一〇世の贖宥状《しょくゆうじょう》販売を攻撃します。人は信仰によってのみ救われ、聖書のみが神の国を

ベネディクト・アンダーソン
（1936～2015年）
アメリカの政治学者。中国の雲南省昆明生まれ。国民国家を「想像の共同体」と捉え、言語とナショナリズムを分析。著書に『言語と権力』など。
写真：読売新聞／アフロ

示すといった主張です。これをきっかけに宗教改革が進められ、ローマ＝カトリック教会から分離したプロテスタント教会が各地に登場します。

これは決定的でした。

たとえば、アメリカの政治学者ベネディクト・アンダーソンは、『想像の共同体』でこう述べています。

《（「九十五箇条の論題」の）ドイツ語訳はただちに印刷されて「一五日以内に国中いたるところで目にとまるようになった。」ドイツでは、一五二〇―四〇年の二〇年間に、一五〇〇―二〇年の二〇年間に比して、三倍の量の本が出版され、ルターはこの驚異的変化の中心にあった。彼の著作は、一五一八年から一五二五年にかけて販売されたドイツ語出版物の三分の一以上を占めた》

マルティン・ルター

（1483～1546年）

ドイツの宗教改革者。ローマ教皇レオ10世による贖宥状販売を批判。旧約聖書の翻訳や賛美歌の作詞作曲で、ドイツ語による典礼改革を推進。

提供：Bridgeman Images/アフロ

こうしてルターは《最初のベストセラー作家》となりました。

プロテスタントが戦いを有利に進めたのは、《資本主義により創造され膨張していった俗語出版市場の利用法をよく心得ていた》からであり、一方、反宗教改革は《ラテン語の砦《とりで》を守ろうとした》。

要するに、難しいラテン語の壁により独占されていた神の言葉が、宗教改革により簡単な言葉で翻訳されてしまったので、誰もが神に直接つながるようになってしまった。これが万人祭祀ですね。

宗教改革はキリスト教の原理化ですが、世俗化が進んでいたカトリックも刺激します。そして布教合戦により、キリスト教はさらに拡大していく。

ニーチェは《そしてルターは教会を復活せしめた、彼が教会を攻撃したからである》（『反キリスト者』）と嘆きました。

そしてこれが近代の推進力になっていきます。

庭は人間の驕り高ぶりそのもの

私は年に二、三回は京都に行きます。苔が大好きなので、庭園には必ず寄ります。

東山慈照寺《じしょうじ》（銀閣寺）の庭の苔もいい。慈照寺をつくったのは室町幕府八代将軍の足利義政です。祖父義満が建てた金閣に倣《なら》ったもので、義政は嵐山の西芳寺《さいほうじ》（苔寺）に何度も通い、参考にしながら苔を植えました。

紅葉の時期に慈照寺に行ったことがあります。

観光客の誰もが上を見ながら庭を歩いていましたが、私は下だけ見て

足利義政
（1436～1490年）
室町幕府第8代将軍。祖父は金閣を造営した義満。弟の義視を継嗣としたことが応仁の乱の原因となる。銀閣、水墨画、能楽、生け花に代表される「東山文化」を生み出した。　提供：akg-images/ アフロ

歩いていました。どうしても苔が気になってしまう。寒くなってくると苔はあまり元気がありません。昔はそれを見て寂しい気持ちになったものですが、最近は色の褪《あ》せた苔もいいと思うようになってきました。兼好法師は「花は盛りに、月は隈《くま》なきをのみ見るものかは」と言いましたが、それに倣えば「苔は盛りに庭は隈なきをのみ見るものかは」。

庭は人間の驕《おご》り高ぶりそのものです。そこに個人の世界観や美意識を投影するわけだから。しかし、自然は完全に制御できるものではありません。そこが庭の面白さでもあります。

ゲルナーは言います。

《農耕人は、自然環境で生き残ることのできる自然種にたとえられる。産業人は人工的に生産され、飼育された種にたとえられる。この種は、もはや自然の与えた環境では十分に息ができず、新しく、特別に混ぜ合わされ、人工的に維持される空気または生育条件の中でようやく機能し生き残ることができる。したがって、この種は、巨大な水槽か飼育室といった特別に仕切られ設置された装置の中で生息する。だが、こうした仕切り部屋は建設され、手入れされる必要がある》

つまりわれわれの暮らしている社会は常に手入れが必要になる。

近代人は、自然から切断されているからです。

ゲルナーは続けます。

《この設備につけられる名前は、教育およびコミュニケーションのための全国的システムである。その唯一の有効な管理人と保護者とは国家である》

国家は公教育によりネイションの（国民）を創ります。そして分業に向いたコミュニケーション能力、標準語を強制します。

ゲルナーは、近代は特定の人々による計画でもなければ、軍事力の成果でもなく、《工業と貿易に専心する諸国民》により、ほぼ無意識のうちに進行したと言います。

大航海時代にはじまる欲望の解放が近代を生み出したのです。

《すべての分離できるものの分離とでも称すべき〈分析の精神〉、あらゆる複合体の構成要素への解体（たとえそれが思考の中でしかできないとしても）、概念による一括処理の拒否、これらのことが伴っていなければ、事実の均等化と均質化とは不完全である》

ナショナリズムが民族を生み出す

すでに述べたように、国家は民族の論理を抑圧します。

ゲルナーは、ナショナリズムは古い隠された休眠状態の力を目覚めさせることではないと言いました。それは社会の新しい形態であると。伝統は捏造されるのです。ナショナリズムは歴史の一部を恣意的《しいてき》に選択し、変形させます。

多くの人が誤解しているように、民族がナショナリズムを生み出すのではなく、ナショナリズムが民族を生み出すのだと。

これもすごい指摘です。

その上で、こうした動きは偶然ではなく、必然だったとゲルナーは言います。

《ナショナリズムは偶発的、人為的、イデオロギー的な作り物にすぎず、もしも、要《い》らぬお節介をせずにはいられないかの忌まわしいでしゃばりのヨーロッパ人思想家が、余計なことにそれをでっちあげ、さもなければ、別の姿に発展しえたかもしれない政治的共同体の血脈に致命的な仕方で注入しなかったならば、ナショナリズムは生じなかったかもしれない》と考えるべきではない。

ナショナリズムが利用する文化的断片が《恣意的な歴史的作りもの》だとしても、ナショナリズムの原理自体は偶発的なものではない。

ナショナリズムが目指すのは《匿名的で非人格的な社会の確立》であり、それは《相互に互換可能で原子化された諸個人》の集合です。

つまり、ルーツは一度切断されている。

ゲルナーは、農民の衣装を身に着けて町へ繰り出したのはブタペスト歌劇場の貴婦人たちであり、ソ連邦における「エスニック」音楽レコードの購買者は、現存する少数民族の地方住民ではなく、都市のアパートに住む、教養があり多言語を話す人々であると揶揄《やゆ》しました。

要するに、彼らは想像上の感情やルーツを表現したいだけであると。

たしかにルーツをモチーフにした文芸作品や音楽はいろいろありますが、どことなくいかがわしさを感じてしまうのは事実です。

伝統の発見と伝統の捏造は紙一重のところがあります。伝統とは「発見」されるものであるからです。そこで議論はさらに複雑になります。

これはかなり特殊な例かもしれませんが、自民党所属で元防衛大臣の稲田朋美が、国会で聖徳太子の十七条憲法にある「和をもって貴しとなす」を引用して「民主主義の基本は日本古来の伝統」と主張したことがあります。

このようにカルト化するケースもあります。

第二章

Chapter 2

ナショナリズムの思想史

なぜ自分を国民だと感じるのか

アンダーソンはナショナリズムと「言語」の問題について考えた人です。主著『想像の共同体』は有名なので、読んだことはない人でも、名前くらいは知っていると思います。

アンダーソンはまずナショナリズムは《特殊な文化的人造物》であり、一八世紀末につくり出されたものだと言います。

さらに一度できあがると、それがモジュール（規格化され独自の機能を持つ交換可能な構成要素）となり、さまざまな社会的土壌に移植できるようになる。これが多様な、政治的、イデオロギー的パターンと合体しながら拡大していったと指摘します。

西欧で発生した産業主義は世界各地に同時かつ同じ仕方で到着したわけではありません。その到着のタイミングの違いが、人類を競合する集団に分割することになった。

要するに、近代化の波に早く襲われたか、遅く襲われたかの違いです。

では、そんな《特殊な文化的人造物》ごときが、なぜ人々を引き付け、「お国」のために命を投げ出すようになったのでしょうか？

以前、私よりだいぶ年上の某氏と福岡の居酒屋で飲んでいるときに、ナショナリズムについての話になりました。

彼は「ナショナリズムについて考えるには、まずは日本の歴史を辿《たど》る必要がある。たとえば江戸時代以前のナショナリズムはどうだったのか」と言う。私が「ナショナリズムは近代の現象ですよ」と答えると、「でも日本という国はあったわけだろう」と。

さすがに彼は紀元前七世紀に神武天皇が日本をつくったとは思っていないとは思いますが、「もちろん、日本という意識は昔からありましたが、近代国家になったのは明治以降です。『国』という言葉が示しているものは別物です」と私が言うと、その後、話がかみ合わなくなりました。

ゲルナーやアンダーソンの指摘が正しいとするならば、江戸時代にナショナリズムは存在しません。私もそう思います。日本にナショナリズムが発生したのは明治です。というより、近代の構造がネイション（国民）を必要としたのだから、これは事実と言ってもいい。

ついでに言えば、江戸時代に左翼も保守主義者もいません。近代主義者が左翼であり、近代理性を警戒するのが保守主義者です。

ちなみに某氏は少し面倒くさい人で、以前、ある素晴らしいレストランに行ったときの話をしたら、「具体的にどのようにおいしかったのか？」と聞いてきました。「言葉では簡単に説明できない」と私が答えると、「適菜さんは言葉を仕事にしているのだから、言葉で説明できないのはダメでしょう」と言う。

だったら、言葉で説明できるものだけを食っていればいい。

技術や素材についてはいくらでも説明できますが、それは料理の説明ではありません。料理人になるために修業が必要なのは、料理は理論の集積ではないからです。

絵画教室に行けば絵が描けるようになります。カルチャーセンターの小説講座を受ければ、小説を書くことができるようになるかもしれない。

しかし、それはたとえばモネやゴッホが「絵」と呼んだものと、あるいはドストエフスキーやスタンダールが「小説」と呼んだものと、同じなのでしょうか？

料理もそうです。たしかにどんなものにも言葉は付随します。にもかかわらず、料理という形式でしか表現できないものもあります。

そもそも言葉で説明しづらいものはたくさんあります。

たとえば珈琲《コーヒー》の香りを言葉で説明するのは難しい。

明示的に言葉で説明できるのは世界の一部です。

わかりやすいのは実物を示すことです。

実際に相手に珈琲を飲ませる。

絵だったら、絵を見せる。

小説だったら小説を読ませる。

これを敷衍《ふえん》して言えば、ナショナリズムを理解するには、ナショナリズムを見るしかありません。

聖なる言語の破壊がもたらしたもの

アンダーソンは《国民とはイメージとして心に描かれた想像の政治共同体である》と定義しました。

でも、国民は確固として存在しています。

それならなぜ《イメージ》《想像》なのか?

誰も「全国民」を見たことがないからです。

われわれは一生涯のうちに、大多数の同胞を知ることも、会うこともありません。かつての共同体においては、人々は血縁関係や所属する職業組織により、固定されていました。しかし、資本主義の要請により、前近代の構造は破壊されます。

また、啓蒙《けいもう》主義と合理主義は、すべての超越的価値の正当性を否定しました。

アンダーソンはこの過程を次のように説明します。

すべての偉大な古典的共同体は、聖なる言語を媒体として超越的な力の秩序と結合し、かくして自らを宇宙の中心とみなした。

ラテン文語、バーリ文語、アラビア文語、中国文語といったものは、固有の神聖性について揺るぎない自信を持っていた。

ミサではラテン語が使われた。

イスラムの歴史においては、最近までコーランは翻訳されなかった。

これは、アッラーの言葉は真実の記号であるアラビア文語によってのみ、手に入れることのできるものだったからです。

聖なる言語が独占されていたという指摘はゲルナーと一緒ですね。

それが破壊されたことにより、人間は神との距離において平等になります。

デンマークの哲学者セーレン・キェルケゴールは《社会の水平化》《人間と人間とのあいだの数的な平等性》が、人間を攻撃するようになったと指摘します。

《個人個人は抽象的な無限性のめまいのなかで滅んでしまうか、それとも、ほんとうの宗教性のなかで無限に救われるか、そのどちらかしかない。多くの人が、おそらく絶望の悲鳴をあげることだろう。だがそれがなんの助けになろう。いまはもう手おくれなのだ》(『現代の批判』)

一日だけのベストセラー

アンダーソンは、国民の誕生にあたって、新聞と小説の存在を重視します。そこには《均質で空虚な時間》(ヴァルター・ベンヤミン)という観念が現れている。時計と暦で計測可能な時間概念による意識変容が国民を生み出したのだと。

アンダーソンは、どこにでもあるような小説の構図を例に出します。

登場人物は夫、妻、夫の愛人、そして愛人の別の情夫の四人です。

物語は次のように進みます。
①夫と妻が口論する。愛人と愛人の情夫は情事を行う。
②夫が愛人に電話をする。妻は買い物に行く。愛人の情夫は玉突きをする。
③愛人の情夫がバーで酔っぱらう。夫は妻と家で食事をする。愛人は不吉な夢を見る。
アンダーソンは男と愛人の情夫が一度も出会わないことに注意すべきだと言います。愛人がうまく振る舞えば、夫と愛人の情夫はお互いの存在すら知らないままかもしれない。

それでは夫と愛人の情夫を結び付けているものはなにか？

ひとつは「社会」です。

二つ目は「読者」です。

夫と愛人の情夫の存在は、全知の読者の頭の中にはめ込まれています。読者だけが神のごとく、夫が愛人に電話し、妻が買い物をし、愛人の情夫が玉突きをするのを、すべて同時に眺めることができる。

アンダーソンは言います。

《これらすべての行為が、時計と暦の上で同じ時間に、しかし、おたがいほとんど知らないかもしれぬ行為者によって行われているということ、このことは、著者が読者の頭の中に浮かび上がらせた想像の世界の新しさを示している》(『想像の共同体』以下同)

小説という形式が登場したのは一七世紀後半ですが、三人称で小説が構成されるようになったのは一九世紀です。そしてそれこそが、「近代文学」です。

このような意識の誕生は新聞にも見出すことができます。

アンダーソンは、新聞の日付に注目しました。

ニューヨーク・タイムズが、アフリカのマリの飢饉《ききん》について報道したとする。その後、続報がなくても、読者はマリという国が消え去ったとは思わない。《新聞の小説的構成》により、読者はマリの情勢が動いていることを確信している。

新聞は途方もない規模で発売されるが、きわめてはかないものです。アンダーソンは、《一日だけのベストセラー》と呼びましたが、新聞は翌日には古紙になってしまう。これは、時間が経《た》つにつれ陳腐化するという近代的消費財の属性を予示するものであり、異常なマス・セレモニー、虚構としての新聞を人々が同時に消費するという儀式を作り出したのだと。

読者は新聞が地下鉄や理髪店、隣近所で消費されるのを見て、共同性を確信するようになる。こうした流れが、古来の文化概念を切り崩していったというわけです。

資本主義では時間が重視されます。

商行為のためには、同じ時間が流れている必要があります。儲けるためには時間差を使います。今の時代でしたら、数秒先の未来が見えれば、一瞬で大富豪になれます。

資本主義自体にモラルは介在しない

こうした社会変動の中で大きな意味を持ったのが、出版資本主義です。

書籍出版も資本主義の市場追求の基本に従い、国籍を超えて広がっていきます。

アンダーソンによると、一五〇〇〜五〇年はヨーロッパの繁栄の時代であり、出版業もこの好景気に与《あずか》りました。

当然、本は売るために作られるので、この時代の大多数の好みに沿うようになる。これは今の時代でも同じです。

書店に俗悪な本が平積みになっているのは、出版社や編集者のモラルの低下というより、基本的には売れるからです。誰も買わなかったら、最初から作られません。

テレビの目的は視聴者にＣＭを見せて商品を買わせることです。番組はそのおまけです。だから、子どもでも理解できる内容にする必要があります。日本の場合は新聞もそうです。日本一の部数を誇る全国紙では高校一年生でも理解できるような記事を書くように新人記者時代にたたき込まれます。

余談ですが、社会に一定数いるバカ、下劣な人間の需要があるなら、そこに向けて毒物は作られます。嫌がる女性をレイプするＡＶを作っている人たちに、そういう趣味があるとは限らない。制作会社の社員には、年頃の娘がいて、家庭ではいいお父さんなのかもしれない。要するに、資本主義自体にはモラルが介在する余地はありません。

一般に新自由主義者と呼ばれる人たちにモラルがないように見えるのは、カネだけが価値基準だからです。

逆に言えば、それほど資本主義の力は強い。

人々の欲望は体制を引っくり返します。

話を戻すと、新聞や小説は、ラテン語ではなく、フランス語、英語、スペイン語といった世俗語で書かれていました。それが国民という意識につながっていく。

読者は作品の背後に、同じ言葉を使う人間が大勢いることを意識するようになりました。共通の言語を持つことは、自分たちは単一のネイション（国民）であるという意識につながります。

社会学者の大澤真幸は言います。


《近代以前の権力は、政治に用いる公的言語や学問、宗教の領域で用いられるべき言語には介入したが、俗語には全く興味をもたなかった。ネイション成立前の権力は、どんなに強大な場合でも、民衆が日常的で私的なコミュニケーションにおいて何語で話していようが、どちらでもよかったのである。しかしネイションは、これとは違う。ネイションの権力、国民国家の権力は、俗語にこそ関心を示し、とりわけ学校制度を通じて標準的な俗語として残を教育し、統制し、強制した》（『ナショナリズムとグローバリズム』）

印刷本は永続的形態を持ち、時間的にも空間的にも、事実上無限に複製可能です。

この資本主義と印刷技術が、国民の誕生を準備したというのがアンダーソンの考えです。

葉の概念とモジュール化

イギリスの歴史家エリック・ホブズボームが言うように、ナショナリズムは《創られた伝統》と社会工学による新しい時代のイデオロギーなのかもしれません。

しかし、ひとたび革命が発生すると、数百万の印刷される言葉によって、それは一つの概念へと整形され、モデル、青写真になります。アンダーソンは、出版資本主義により、フランスの経験は人類の記憶から消去できなくなったと言います。この「モジュール化」がボルシェビキの革命につながったのだと。

産業資本主義の時代の入り口に差しかかっていた当時のロシアで革命は無理でした。しかし、フランス革命というモデルがあったから、革命は成功し、さらにはロシアよりもっと後進的な社会でも革命が想像でき

エリック・ホブズボーム

（1917～2012年）

イギリスの歴史家。エジプトに生まれ、ウィーン、ベルリンで教育を受ける。ナショナリズムや伝統の捏造に関する議論を提起し続けた。著書に『創られた伝統』など。　写真：akg-images/アフロ

るようになったというわけです。

ご存じのとおり、マルクス主義では、資本主義が高度化すれば階級対立が激化し、革命が発生するということになっています。

しかしモジュール化により歴史を《近道》できるようになった。実際、その後、毛沢東やポル・ポトが革命を起こします。

フランス革命のモジュールの内容は、理性主義であり、近代啓蒙思想から派生した自由・平等・友愛という革命のイデオロギーです。

マクシミリアン・ロベスピエール

（1758 ～ 1794年）

フランスの政治家。モンターニュ派独裁以降は封建制の完全撤廃をする一方、反革命分子やダントン派などを粛清し、恐怖政治を推進。後に弟らとともに処刑される。　提供：akg-images/ アフロ

理性とは人間に備わっているとされる、ものごとを推測する能力です。

フランス革命下においては、理性が神の位置に押し込まれました。

革命家のマクシミリアン・ロベスピエールは、一七九四年六月八日、テュイルリー宮殿で「最高存在の祭典」を開きます。理性により社会を

合理的に設計することを宣言したわけです。

ロベスピエールは「神が存在しないなら、発明する必要がある」と言いました。

キリスト教の代わりに理性を神格化し、自分たちはその代理人を名乗ったわけですね。

その結果、地獄が発生します。

フランス革命後、自由は自由の名の下に抑圧され、社会正義と人権の名の下に大量殺戮が行われました。理念は暴走するからです。

ここではニーチェの議論を振り返っておきましょう。

人間は視覚や聴覚を持っています。感覚器官が受け取った情報は脳内でイメージに転換され、さらに言葉に転換される。こうした概念化の過程で、細かい差異は切り落とされる。まったく同一ではないものを同一とみなすことにより、概念は発生します。

たとえば「葉」という概念があります。

一度、概念化されると、暴走を始める。

まるで自然の中に、「葉」の原型が存在するかのようなイメージを呼び起こす。そしてその概念をもとにして、現実世界の「葉」はスケッチされ、測定されるようになる。

こうした逆転現象を利用したのが古代ギリシャの哲学者プラトンであり、キリスト教です。プラトンは世界の背後に真理があると考えた。このプラトニズムがキリスト教を経由して、近代という「表面上は啓蒙された宗教的迷妄の時代」を生み出したというのがニーチェの見取り図です。

そこでは真理は隠されており、真理を代弁する僧侶階級が権力を握ります。哲学者＝神学者は真理を代弁し、教会は神の言葉を代弁し、ジャコバンは一般意思を代弁し、共産党はプロレタリアの言葉を代弁する。彼らに共通するのは彼岸を設定することです。理想から現実を裁断し、敵を排除する。これが革命の原理です。

ニーチェはこうした発想を批判しました。

そして逆に、人間の感覚器官が生み出す世界こそが唯一の世界だと考えたのです。それはある種の誤謬《ごびゅう》だが、その誤謬こそが「世界」と呼ばれるものであると。

ニーチェは言います。

《認識とは、多種多様な数えきれないものを、等しいもの、類似したもの、数えあげうるものと偽造することなのである。それゆえ生はそうした偽造装置の力でのみ可能である》
（『生成の無垢』）

近代とは世界の数値化、概念化のことです。
そして世界の多くの領域は削り落とされました。
こうした暴力と闘ってきたのが保守です。

ナポレオンが各国のナショナリズムを生み出した

イギリスの社会学者アントニー・D・スミスもアンダーソンと同様の指摘をしています。

《体制変革による新しいネイションの建設は、国民議会以降の各議会での精力的で激烈な論議を通じて推し進められたが、それは啓蒙思想の知識人たちが描く合理主義的な青写真に沿うものであった。

そのような計画的な「ネイション建設」は、本質的に近代的な営みである。一七八九年以前にそれに実際に匹敵するようなものは見当たらない。もちろん一七八九年以前にも、開明的な専制君主によって福祉政策が実行された事例はあるし、建物や施設の大規模建設

ナポレオン・ボナパルト
（1769～1821年）
フランス皇帝。ナポレオン法典編纂や占領政策を通じてヨーロッパの近代化を推進。この絵画はイタリアへ向かう途中のアルプス越えを描いたもの。　提供：akg-images/アフロ

事業や、行政の大々的な「近代化」と言ってよさそうな試みさえ行われていたことは間違いない。古代バビロニアのハンムラビ法典やローマ帝国のアウグストゥスによる諸改革をはじめとして、ロシアのピョートル大帝やオーストリアのヨーゼフ二世の近代化政策に至るまで、さまざまな事例がある。しかし、集団で議論して事業計画を立てるということは一切なかった。いずれも個人または支配階級の名において、あるいは個人または支配階級のために、行われた。また、歴史と文化を共有する人民こそが、最高の忠誠を誓い大いなる犠牲を捧げるべき主権者である、などというイデオロギーも一切なかった》（『ナショナリズムとは何か』）

一七八九年、つまりフランス革命は、ヨーロッパに根源的な変化を及ぼしたのです。

一七九九年、ナポレオン・ボナパルトがクーデターにより権力を握ります。

カナダ出身の歴史家ウィリアム・H・マクニールは言います。

《だが一八〇四年にフランス皇帝の位についたあとも、ナポレオンは自己の権力は国民の意志にもとづいたものであることを主張しつづけた。新しく憲法を制定するたびに国民投票の形をとり、少なからぬ努力を払って国民による支持を証明しようとした。

実際のところ、ナポレオンこそは多く点で革命の真の継承者であった。彼はフランスの法律の再編成を完成した。（ナポレオン法典）が、これは革命の唱道者たちが普遍的原則として宣言したものの多くを、日常的な法的慣行のなかにうつしかえたものであった。例えば契約の自由、民事婚および離婚の自由、法の前での平等などがそれである。ナポレオン法典は、ナポレオン軍が勝ちすすむにつれて、その支配下におかれた諸国に影響をあたえ、それらの国々の法律改革のための便利な規範となった。ひとたびそうした改革によって、ある地域や国家の日常的慣習や社会の法的関係が簡潔なものに変わったが最後、旧体制のもとで行われていた煩雑な慣習や特権を回復するのは実際上不可能となった》（『世界史』）

フランス革命が波及するのを恐れた周辺諸国は、干渉戦争を仕掛けます。最終的に連合軍によりナポレオンは破れます。ヨーロッパ諸国の軍隊や民衆がナポレオンの軍勢に対抗して勝利をおさめることができたのは、これらの国々の君主たちが、フランスをまねて民衆の感情と利害に訴え、それによって愛国的情熱を呼び起こしたからだとマクニールは指摘しています。

かつての軍隊は主として外国人の傭兵《ようへい》によって構成されていましたが、ナポレオンは国民軍を創出します。フランス革命は身分制社会を解体しましたが、そこから平等な国民が祖国を守るという発想が生まれます。

周辺諸国もそれに誘発されて「国家」という意識を強く持つようになります。

これは有名な話ですが、ナポレオンに占領されたドイツのベルリンで、哲学者ヨハン・ゴットリープ・フィヒテは、「ドイツ国民に告ぐ」と題する有名な連続講演を行いました。フランス文化に対するドイツ国民文化の優秀さを説くことにより、国民意識を高めようとしたわけです。実際には、これに呼応したのは一部の知識人だけでしたが、近代国家建設への熱情が強くなっていくという流れは変わりません。

イタリアも統一国家を目指すようになります。

要するに、ナポレオンの動きが、各国のナショナリズムを生み出したのです。

なお、戦争が平等化を進めるというは一般的な現象です。

戦費を集めたり、徴兵を行うためには特権階級が独占してきた権力を分配する必要が出てくる。たとえば貴族は、戦争に協力することにより王権の一部を切り崩してきました。

作家の三島由紀夫は言います。

《軍隊のことを無階級社会のお手本というとふしぎなようだが、戦前の日本は華族以下平民の末にいたる階級社会で、軍隊だけがその独自な閉鎖社会のなかのきびしい階層を以《もっ》て、世間の階級を無にした別世界を作っていたのだった》（「若きサムラヒのための精神講話」）

人間を平等にするナショナリズムにおいて、総力戦という発想が登場します。それが第一次世界大戦と第二次世界大戦でした。

ヨハン・ゴットリープ・フィヒテ
（1762 ～ 1814 年）
ドイツの哲学者。知識学の構築に生涯を捧げる。カントに世話を受けたことで『啓示とは何か　あらゆる啓示批判の試み』を出版し、一躍著名人となる。
提供：akg-images/ アフロ

すべてを市場原理に任せれば、国家も社会も崩壊する

アンダーソンは言います。

《そして結局のところ、この同胞愛の故に、過去二世紀にわたり、数千、数百万の人々が、かくも限られた想像力の産物のために、殺し合い、あるいはみずからすすんで死んでいったのである》

アンダーソンは、第一次世界大戦と第二次世界大戦の異常さは、人々が類例のない規模で殺し合ったということよりも、途方もない数の人々が自らの命を投げ出そうとしたことにあると指摘します。

アンダーソンによれば、それは「言語」がもつ愛着の力が引き起こしたものです。近代が生み出した標準語という「想像の産物」にもかかわらず、言語のもつ本来の力は、ある種の崇高な自己犠牲を可能にすると。

アンダーソンの説明は簡単です。

人は労働党やアメリカ医師会、アムネスティのために死ぬことはない。なぜなら、それらは国とは違って、参加も脱退も自由だからです。

逆に言えば、参加も脱退も自由な場合は、国家という意識が希薄になる。

グローバリストが国家や社会に責任を持とうとしないのは、いざとなったら海外に逃げるからでしょう。

すべてを市場の論理に任せれば、国家も社会も崩壊します。

そして市場を管理できるのは国家しかありません。

しかし、保守を偽装した新自由主義勢力の台頭により、国家は攻撃を受けてきた。

欧米で言えば、マーガレット・サッチャーやロナルド・レーガン、日本においては構造改革を唱える勢力が国家の中枢に食い込んでいきます。

ついでに言えば、市場原理主義は自然発生的なものではなく、人為的に作り出されたものです。そして逆に、それに対する防衛機能が自然発生的に生じたのです。

イギリスの歴史家エドワード・ハレット・カーは言います。

《「経済的合理性」という観念を、経済政策が立派なものであるかどうかを検討し判断す

マーガレット・サッチャー
（1925～2013年）
イギリスの政治家。1979年、イギリス初の女性首相に就任。小さな政府や市場自由化の構想をもったのは、保守党在野期に党首となった時期（1975年頃）とされる。写真：GUICHARD JEAN/GAMMA/アフロ

る客観的で確実な規準にしようという試みが行なわれて参りました。しかし、この試みは忽《たちま》ち駄目になります。古典的経済学の法則で育てられた理論家たちは、計画というのは、そもそも合理的な経済的過程に対して非合理な侵入をすることだと非難しています。

（中略）

私としては、根本的に非合理だったのは、統制もなく組織もない自由放任の経済で、計画というのは、この過程に「経済的合理性」を導入しようという試みである、という逆の議論の方に共鳴するのです。しかし、ここで私が主張したいと思うただ一つの論点は、抽象的な超歴史的な基準を打ち樹《た》てて、それで歴史的行為を審《さば》くことは出来ないということであります》（『歴史とは何か』）

新自由主義が猛威を振るう社会においては、もはや総力戦は成り立ちません。

グローバリズムはナショナリズムの作用である概念化・数値化をさらに推し進めたものです。そこでは、前近代から抽出された統合原理すら邪魔になります。

しかし、ある意味で防波堤と呼べるものがあります。

それは「言葉」です。

すでに述べたように、オルテガは《生とはすべて、「環境」つまり世界の中に自己を見出すことである》と言いました。人間はいやおうなく世界の中に投げ出されます。そして母国語を覚える。日本語をしゃべっている時点で、われわれは日本から離れて思考することはできません。

たしかに外国語を習得することはできます。しかし、それにはかなりの時間がかかります。

アンダーソンは言います。

《人が他者の言語に入っていくことを制限するのは、他者の言語に入っていけないからではなく、人生には限りがあるからである。こうして、すべての言語は一定のプライバシー

をもつことになる》

世界政府の誕生はディストピアですが、時間がそれを阻止するのです。

公定ナショナリズムと日本

「公定ナショナリズム」という概念があります。これはイギリスの歴史学者・政治学者であるヒュー・シートン＝ワトソンが「意図的な構築」といった意味合いで作ったものですが、アンダーソンは帝政ロシアを説明するために使いました。

簡単に言えば、新しい国民的原理と古い王朝原理を無理やりつなぎ合わせるやり方です。西欧のナショナリズムという「モデル」を利用して、近代国家の体裁を整えるわけです。アンダーソンは、これは日本にも当てはまると考えました。

以下、アンダーソンの議論の流れを見ていきます。

黒船を率いた東インド艦隊司令長官マシュー・ペリーは日本の鎖国体制を叩《たた》き壊します。一八五四年以降、幕府の威信は、西欧の侵入により低下していきました。尊王攘夷《じょうい》の旗の下、薩摩《さつま》藩と長州藩出身者を中心とする中級武士の一団は、一八六八年に倒幕に成功します。

その理由としては、プロシアとフランスの専門的参謀将校が体系化してきた西欧の新しい軍事科学をうまく吸収したこと、英国人武器商人より購入した七三〇〇丁の超近代的ライフル（そのほとんどはアメリカ南北戦争の中古品）を効果的に使用したことをアンダーソンは挙げています。

しかしひとたび権力を掌握すると、薩長の反逆者たちは、軍事的能力がそのまま政治的正統性を保証するものではないことに気がつきました。

それで藩閥政府が地位強化のために採用したのが、ホーエンツォレルン家のプロシア・ドイツモデルでした。要するに、「モジュール」「青写真」を真似《まね》することで、短期間で近代国家を創り上げたのです。

マシュー・ペリー
（1794～1858年）

アメリカの軍人。1854年、日米和親条約調印でアメリカ側の全権を務めた。兄は同じ海軍軍人であり、米英戦争において国民的英雄となったオリバー・ハザード・ペリー。　提供：akg-images/アフロ

歴史学者の谷川稔は言います。

《明治以降の日本が、近代国家形成の過程でいちばんお手本にしたのは、おそらくドイツであろう。とりわけ法制史的にはそういえる。早くから議会制度が発達していたイギリスや立憲体制が整っていたフランスではなく、プロイセン中心に帝国統一を成しとげたばかりのドイツであったのは、歴史の皮肉かもしれない。フランスがビスマルクのプロイセンに大敗して共和政に移行したばかりだったことや、パリ・コミューンの大火を目のあたりにしたことも理由であったろう。なによりも為政者にとって、共和政フランスより君主制プロイセンの欽定憲法体制への親近感が大きかった。明治十四年以後、「独逸学《ドイツ》」が日本の「官学」とされたのもまた自然の成り行きであった。

その後、ともに遅れて出発した帝国主義国家として、両者のたどった歴史はどこか似かよっている》（『国民国家とナショナリズム』）

つまり、フランスやイギリスではなくて、「遅れて発生した近代」であるドイツを日本はさらに「モデル」にしたわけですね。

改革勢力はいくつかの要因に助けられました。

まずは鎖国による高い民族文化的同質性です。

九州で話される日本語は本州ではあまりわからなかったし、江戸・東京と京都・大阪のあいだですら会話によるコミュニケーションには支障があったが、半ば中国語化した表意文字による表記システムにより、学校と出版による大衆の読み書き能力の向上は容易だったとアンダーソンは言います。

江戸時代には寺小屋がありました。

参勤交代制度もあり、「日本」という意識は生まれつつあったが、「統一国家」のイメージはまだ存在しません。

大きかったのは天皇を利用することができたことです。

明治維新後、「愛国」という観念のなかった日本は、大日本帝国憲法第一条で「万世一系の天皇これを統治す」と規定します。こうして天照大神《あまてらすおおみかみ》の子孫である天皇が日本を統治していたという「通史」がつくられた。万世一系というフィクションを接合材にしたわけです。これが忠君愛国、同胞意識、一視同仁、天皇陛下バンザイにつながっていく。

それに外国が当然侵入してきたため、多くの人々は新しい「国家」による国防計画に容易に結集することができました。

アンダーソンが指摘するように、藩閥政府が帝国主義的性格を持ったのは西欧がモデルだったからです。

ただし、天皇を頂点とする政治的権威の単一ヒエラルキー構造を確立するには紆余《うよ》曲折《きょくせつ》があったようです。

東京大学教授の塩川伸明は次のように述べます。


《長らく現実の政治権力から離れ、その権威を広く国民に浸透させてはいなかった天皇を一挙に至高の権威とするため、明治初期においては、祭政一致と神仏分離が推進され、神道を明確に国教とする動きさえもあった。しかし、急進的な廃仏毀釈は、仏教勢力を国民統合に利用する必要があったことから後退を余儀なくされ、また「文明開化」の時代潮流の中でキリスト教布教もいずれは容認せざるをえなかった。明治憲法は「信教の自由」を「安寧秩序を妨げず、及び臣民たるの義務に背かざる限りにおいて」という条件つきでうたった。その際、神社神道は祭祀であって宗教ではないという説明（神道非宗教説）によって、その宮中祭祀化が保証された。

神社神道が祭祀に限定された一方、宗教としての神道諸派はそれとは別に「教派神道」という位置を与えられた。神社神道は国家的地位を確保して、全国にわたる公式のヒエラルヒーを構築する一方、教派神道は実質的には他宗教との混淆《シンクレティズム》（習合）の要素を残しながらも、「神道」として神社神道と連続するかの外観をとるようになった》（『民族とネイション』）

天皇制とナショナリズム

文芸評論家の福田恆存《つねあり》は言います。

《天皇の神聖化とはこの空虚感を埋めるためにもちだされた偶像以外のなにものでもない。それは復古ではなく、日本の近代を日本流に成立せしめるための指導原理であり統一原理であつたにすぎぬ。天皇制によつて近代の確立が未熟に終つたなどといふのはまことにあやふやな観念論である。むしろ日本の近代がさほど混乱を惹起《じゃっき》せずにすんだのは天皇制の支へがあつたからにほかならぬ。ぼくはその事実をもつて天皇制を擁護しようとするのではもちろんない。むしろそれゆゑにこそ天皇制の虚妄なることを立証したいのである。が、明治の日本においてはこの虚妄の権威が国民の良心を裏づけてゐた》(「近代の宿命」)

福田は西欧における神のようなものが日本にはなかったと指摘します。

一方、三島由紀夫は次のように説明しました。

《なぜ、天皇は人間であってはならぬのか。少なくともわれわれ日本人にとって神の存在でなければばならないか。このことをわかりやすく説明すれば、結局「愛」の問題になるのです。

近代国家はかつての農本主義から資本主義国家へ必然的に移行していく。これは避けられない。封建的制度は崩壊し、近代的工業主義へ、そしていきつくところは、人生の絶望的状態である完全福祉国家とならざるをえないすう勢だ。そして一方、国家が近代化すればするほど、個人と個人のつながりは希薄になり、冷たいものになるんですね。こういう近代的共同体のなかに生きる人間にとっては、愛は不可能になってしまう。

たとえばAがBを愛したと信じても、こういう社会では、確かめるすべをもたない。逆にBのAに対する愛にしてもそうです。つまり、近代的社会における愛は相互間だけでは成立しないということなのです。愛し合う二人の他に、二人が共通にいだいている第三者（媒体）のイメージ――いわば三角形の頂点がなければ、愛は永遠の懐疑に終わり、ローレンスのいう永遠の不可知論になってしまう。これはキリスト教の考え方でもあるが、昔かられわれ日本人には、農本主義から生まれた「天皇」という三角形の頂点（神）のイメージがあり、一人々々が孤独に陥らない愛の原理を持っていた。天皇はわれわれ日本人にとって絶対的な媒体だったんです》（「三島由紀夫氏の〝人間天皇〟批判」）

アメリカだったら、自由を神格化することにより、一つの宗教国家としてまとまっていく。アメリカは移民と奴隷によりつくられた国ですが、それをまとめるためには強力な価値が必要になります。それがアメリカ人のメンタリティーを生み出しているのでしょう。

第三章

Chapter 3

民族主義と保守主義

保守主義の批判対象は急進的な平等主義と自由主義

すでに述べたように、保守主義は近代の理想を警戒する態度のことでした。

そこで保守の批判の対象になるのは急進的な平等主義と自由主義です。

逆に「人間理性を信仰するのが左翼」です。

彼らは平等や人権を普遍的価値と捉えます。

近代啓蒙《けいもう》思想は理性の拡大の延長線上に理想社会をつくるという発想です。要するに、進歩思想です。普遍的価値が存在するなら、それを実現させることが「正義」となります。よって左翼は「運動」を始めます。

一方保守は左翼のように平等や人権を捉えません。

あらゆる価値は、個別の現実、歴史に付随するものであるからです。

保守にとっては、「自由」でさえ、絶対の価値を持つものではありません。

ただし、近代の理想に対する不信はありますが、復古という形はとらない。近代が嫌だからと言って「今日から近代やめました」というわけにもいかない。過去に対する理想主義も保守は警戒します。

伝統とは一般に人間の行動、発言、思考を支える歴史的に培われてきた制度や慣習、価値観のことです。保守がそれを重視するのは、美化するためではありません。

個々の事例における先人の判断の集積と考えるからです。

保守は抽象的なものを警戒し、現実に立脚する。人間は合理的に動かないし、社会は矛盾を抱えていて当然だという前提から出発します。

保守とは人間理性の限界を知り、歴史の中に判断基準を探し出す努力をすることです。「人間理性に懐疑的であるのが保守」だとしたら、「伝統の擁護」といった保守の性質も、「理性に対する懐疑」ということで説明できます。非合理的に見える伝統や慣習を理性により裁断することを警戒するわけです。保守が宗教を重視するのも理性の暴走を防ぐためです。

中間共同体を重視するのは、統治権力と個人の間の緩衝材を必要とするからです。よって、保守は漸進主義になる。つまり、ゆっくりと慎重に改革を進める。改革というより改善です。

ついでに言えば、反米、親米、嫌中、嫌韓、改憲派、軍国主義といったものは、保守の定義とはなんの関係もありません。それらはそれぞれの個人の要素の一つです。ピーマンが好きか嫌いかは保守であることと関係ない。反韓が保守なら、南米に住んでいる「保守」

は、反韓なのか。それと同じです。

人為的な工学だけではナショナリズムは機能しない

民族の純血ということを言いたがる人はいます。

これは日本だけではなくて、多くの国がそうです。ナチスもアーリア人の純血ということを言い出しました。

アントニー・D・スミスは、ナショナリストの指導者たちは《エスニックな心理の核心には同じ血を共有しているという意識がある》ことを理解していたし、《躊躇《ちゅうちょ》することなくそれに訴えてきた》と説明します。もちろんそこに根拠はありません。だから「神話」です。

自分たちは祖先から同じ血が流れていると考えていたとしても、生物学や歴史的事実とは一致していないケースがほとんどです。

それにもかかわらず神話は実在します。

スミスは、ナショナリズム研究においては「何が事実か」ではなく「何が事実と感じられているか」が重要だと言います。共通の祖先についての確信は、事実ではなく感情に基づいているからです。

アメリカの政治学者ウォーカー・コナーは、ネイションとは《自分たちの祖先からずっと血がつながっていると信じている人々の集団であり、そのような信念を共有する集団としては最大である》と定義しました。

要するに心理的な紐帯《ちゅうたい》です。

ネイションの物語、神話は、実際に人民の共感を呼び、さらにそれがネイションの再構築に貢献するようになります。

スミスはこうした現象を家系の登場により説明します。

村内あるいは近隣の家族が結婚を通じて結合すると、やがて共通の祖先まで家系を辿《たど》ろうとするようになります。そのような系譜は、通常、口述によって伝承されるが、のちには年代記や叙事詩に書き込まれて伝承されるようになる。エスニックな起源や血統に関する神話は、しばしば移住の記憶や、共通の崇拝対象に対する儀式、象徴、神話と結びつく。そして、神話は人間社会を宇宙の秩序に組み込み、神が諸家族を守ってくれると説く。

こうしたものがナショナリズムの背景にあるとスミスは言います。

これはどちらかというと、ごく普通の日本人の感覚に近いと思います。

スミスは言います。

《古代世界の大半の人々にとって問題だったのは、しばしば理解不能なほどの猛威を振るう自然の諸力に対して、どのように対処するかということであった。（中略）このような状況にあって、近代世界における市民同士の対等な同胞愛に対応するものは、大規模な儀式や加持祈禱への一般民衆の参加であり、血筋に基づく共同体を信仰と崇拝の共同体へと結束させる道徳的な義務や宗教的義務の履行であり、エスニックな起源や神に選ばれたことに関する神話や象徴によって喚起される共同体意識であり、祖先と彼らの英雄的行為や偉業に関する記憶の共有などであった。人々のそうした一体化が生じたところでは、宗教的な掟《おきて》や儀式が近代的市民の法的な権利と義務に等しい役割を果たしており、ネイションとしての性質を備えつつあると論じることは可能であろう。以上のように考えるならば、古代には古代特有のネイションが存在したと論じてもよいのではないだろうか》（『ナショナリズムとは何か』以下同）

つまり、単なる抽象的、人為的な工学だけではナショナリズムは機能しないということです。それが過去の恣意的《しいてき》な選択と再構築の結果だとしても、一般大衆の意識や感覚から完全に離れていたら成立しない。集団的記憶、神話、記憶、象徴といった媒介がなければ、実効性を持つことはできないというわけです。

共有された神話

スミスは、ナショナリズムが近代に発生したという立場を認めた上で、前近代にも類似した現象が発見されると指摘します。たとえばそれは、古代ギリシャ人やローマ人が異文化に向けたまなざしです。

スミスは、ナショナリズムは文化の育成と表現をことさらに強調すると言います。

歴史の再発見、文献学や辞書学などを通じた土地固有の言語の復活、文学、とりわけ戯曲と詩の育成、固有の芸術や工芸、昔からの踊りや民謡を含む音楽の復興……。

ナショナリズムは武力ではなく、文芸や歴史研究、音楽祭や文化雑誌により始まるのだと。

ナショナリズムが文化と文芸の復興に連動するとすれば、言葉をネイション（国民）の根拠とし、前近代と接続できるのではないかと考える人たちが出てくるのは当然のことです。

このあたりは、ゲルナーの主張とかなり違います。

ゲルナーは、ナショナリズムは近代以前の文化を利用することはあるかもしれないが、それはあくまで《断片》であり、たいていは恣意的な歴史的作りものであると考えました。ネイションがネイションの根拠を生み出すのであり、近代性こそがナショナリズムという形を取ったのだと。

これはこれで相当強い論理だと思いますが、そこから漏れ落ちるものもあるとスミスは考えました。

そして、ネイションを《わが領土と認知されたところに住み、だれもが知っている神話と共有された歴史、独自の公共文化、すべての成員に妥当する慣習法と風習をもつ、特定の名前で呼ばれる人々の共同体》と定義します。

つまり、ネイションにはその核が存在するということです。それは宗教に近い機能を持っています。

共感の範囲

なにかを根拠とする際、一番強力なのは「本能」「自然」だと思います。
三島由紀夫は言います。

《飛行機が美しく、自動車が美しいように、人体は美しい。女が美しければ、男も美しい。しかしその美しさの性質がちがうのは、ひとえに機能がちがうからである。飛行機の美しさは飛行という機能にすべてが集中しているからであり、自動車もそうである。しかし、人体が美しくなくなったのは、男女の人体が自然の与えた機能を逸脱し、あるいは文明の進歩によって、そういう機能を必要としなくなったからである。

男には闘争という機能がある。女には妊娠や育児という機能がある。この自然の与えた機能に不忠実なものが美である筈《はず》がない。男の体は、闘争や労働のための、運動能力とスピード感と筋肉によって美しく、女の体は妊娠や育児のためのゆたかな腰や乳房や、これを包む皮下脂肪のなだらかな線によって美しい》（「機能と美」）

ゲーテは言います。

《たとえば、年ごろの娘の自然の使命は、子どもを生み、子どもに乳を与えることだから、骨盤の広さが十分でなかったり、乳房が相当ふくらんでいなかったりすると、美しいとはいえないだろう。ところが、それが度を越しているのも、美しくはない。それは、合目的性を通り越してしまうからね》（エッカーマン『ゲーテとの対話』）

美醜の判断は本能に根拠があります。

少し品のないたとえで申し訳ないのですが、AVを借りるとき、巨乳が好きな人でも極端な巨乳は避けると思います。ものごとには限度があるからです。

いくら人為的に世界が構築されていても、自然は消すことができません。

国家も結局、共感の及ぶ範囲ということになります。

たとえば、小学生一人が行方不明になれば国中大騒ぎになります。メディアは朝から晩まで報道するでしょう。しかし、アフリカのどこかの国で一〇〇人が行方不明になっても、ワイドショーでは報道されないし、新聞でも小さい扱いになるはずです。

その理由は遠くにあるからです。

これは距離的な問題だけではありません。アメリカも距離は離れていますが、ニューヨークで一〇〇人が行方不明になればそれなりのニュースになります。

ここには人種差別があるわけではありません。共感が及ばないだけです。だから、逆もまたしかり。たとえばウガンダで日本の誘拐事件は大きく報道されないでしょう。

無関心と無理解が平和をもたらす側面もあります。

近隣諸国とは仲が悪いのが普通です。

ナショナリズムはわかりやすい仮想敵を必要とするからです。

最近ではレンタルビデオ店は、ほぼ消滅しましたが、一般に日本人は日本人が出演しているAVを借ります。その証拠に、AVコーナーに外国人、特に黒人ものはほとんどありません。逆もまたしかり。黒人は日本のAVをあまり見ないと思う。

近隣諸国に反発するのは、容姿が似ているからだと思います。ナショナリズムは人間の本能に訴えます。

女性のほうが男より圧倒的に上である

近代化とは人間を数値に置き換えることですから、男と女の差もなくなり、抽象的な「ヒト」になっていく。フェミニストはそれを「女性の解放」と呼びますが、ニーチェは、それは「女性の男性化」に過ぎず、女性の価値を貶《おとし》めるものであると指摘しました。

《〈女性の解放〉なるものは、（中略）もっとも女性的な本能がますます衰弱し鈍磨してきたことの顕著な症候としてあらわれたものなのだ》（『善悪の彼岸』）

モジュールの話を思い出してください。

男は《永遠に女性的なもの》を妄想する。これは《想像上の価値》にすぎないが、一度概念化されればそれが暴走する。

「一般的な女性」など存在しない。世の中で通用している「女性像」は、男が勝手に作り出したものであるとニーチェは言います。問題は、その男の妄想に乗ってしまう女がいることです。彼女たちは「男性の世界」「論理の世界」を理想としてしまう。

女性解放論者は、男性の考え方に対して文句を言っているように見えますが、実は逆で、男性のように世界を捉えるのです。

ニーチェは言います。

《彼女たちは、男性が現今示している姿にのっとっておのれを形づくり、そして男性の諸権利を熱望している》（『生成の無垢』）

女性の解放という発想も、近代イデオロギーによる女性に対する攻撃に過ぎません。

ニーチェは、男女は平等ではないと言い切ります。

女性のほうが男よりも圧倒的に上であると。歴史的に見ても、生物学的に見ても、女性のほうがあらゆる面で強かった。しかし、女性は男の真似事《まねごと》を始め、本来の強さや美しさを失ったというわけです。

「聖なる嘘」

これまで多くの哲学者や思想家が近代大衆社会の問題について語ってきました。当たり前の話ですが、われわれは近代という時代区分の中で暮らしているので、近代とは何かを理解しないと、闇の中で暮らすことになります。

すでに述べたように、保守主義は近代の原理を警戒する態度のことでした。

こうした意味において、私は最も根源的な保守思想家はニーチェだと思っています。

私は保守の本質をニーチェから学びました。

ニーチェは道徳の破壊者であると誤解されてきました。

しかし、ニーチェが説いたのは道徳の復権です。

ニーチェが批判したのはキリスト教道徳です。

同様に、価値の破壊ではなく、価値の正常化による人間愛、人類愛を訴えたのです。

近代とは愛を破壊する運動です。

自然から切断し、抽象に統合する。そして世界の多くを切り落としてしまう。

「神は死んだ」というニーチェの有名な言葉があります。

これは「神は死んでいない」ということです。世の中の人間は、神は死んだ（＝無神論）と思っているかもしれないが、唯一神教の神は近代イデオロギーに化けて、依然としてわれわれを支配しているということです。

また、ニーチェは宗教一般を否定したわけではありません。

キリスト教の根底にある「反人間的なもの」「病的なもの」を批判したのです。

ニーチェは民族の神についてこう述べます。

《――私たちが袂を分かつゆえんは、歴史のうちにも、自然のうちにも、自然の背後にも、私たちがなんらの神を見つけださないからではない、――そうではなくて、神として崇《あが》められていたものを、私たちが「神」とは感ぜず、憐《あわ》れむべきものと、背理と、有害と感ずるからであり、誤謬《ごびゅう》としてのみならず、生への犯行として感ずるからである》（『反キリスト者』）

《いまだおのれ自身を信じている民族は、そのうえおのれ自身の神をももっている。そうした民族が神において崇めるのは、おのれを上位に保たしめてくれる諸条件、おのれの諸徳であり、――このような民族は、おのれでおぼえるその快を、おのれの権力感情を、これ

らに対する感謝をささげうる或る存在者のうちへと投影する》（同前）

民族は自己肯定の感情、運命に対する感謝を、《或る存在者》に投影する。これが祭祀です。

ニーチェは個々の歴史により生じた「民族の神」が、唯一神教により歪《ゆが》められたことを批判しました。

ここで重要なのは「民族の神」もまた嘘《うそ》であることです。

あらゆる神はフィクションにすぎない。しかし、こうしたフィクションは、民族がよりよく生き抜くための技術なのです。これをニーチェは「聖なる嘘」と呼びました。あらゆる宗教は「聖なる嘘」である。問題は、キリスト教には「聖なる」目的がないことだと。

ニーチェは、キリスト教が「原罪」という概念により人間の生を、処女懐妊の物語で人類の誕生を汚したと批判しました。

ニーチェは近代の根本にある「神の前での霊魂の平等」という発想を批判し、教会に奪われた「愛」を再び人間の手に取り戻そうとしたのです。

歴史や現実から切り離された抽象的な概念は地獄を生み出す

イギリスの政治思想家、哲学者のエドマンド・バークはフランス革命を批判しました。彼が『フランス革命の省察』を書いたのは、革命の初期の頃でしたが、その末路を見抜くことができたのは、伝統に培われた《常識》があったからです。

フランス革命は理念をかかげて社会を変革しました。理性を神の位置に押し込み、旧来の制度を破壊した。その背後にあるのは、近代啓蒙思想から派生した自由・平等・友愛というイデオロギーであり、理性主義や合理主義です。

バークが人権宣言を批判したのは、人民の権利を抽象的な概念と結びつけたからです。

自由や権利は、先祖から相続されたものであり、抽象ではない。イギ

エドマンド・バーク
（1729～1797年）
イギリスの政治思想家、哲学者。ジョージ3世の親政やインド植民地統治の腐敗を批判。著書に『崇高と美の観念の起源』『現代の不満の要因』がある。　写真：Glasshouse Images/ アフロ

リス人には具体的な「イギリス人」の権利があるだけで、それは歴史的に獲得してきたものです。

要するに、社会や歴史と結びついた権利を、概念化すれば暴走するのは必然と見抜いたわけです。すでに述べたように、フランス革命下では、自由は自由の名の下に抑圧され、社会正義と人権の名の下に大量殺戮が行われました。

歴史や現実から切り離された抽象的な概念は必ず地獄を生み出す。

バークが言うように《秩序によって制御されない自由は自由自体を破壊してしまう》のです。

保守とは特定の立場を主張するイデオロギーではなく、常識を擁護する立場のことです。だから保守という態度自体は昔から存在します。

しかし、フランスで「非常識」なことが発生した。《常識》に寄り添い、素朴に暮らしていける状況でもなくなった。そこで、愛着ある日々の生活を守るために、保守主義が発生します。

要するに、保守主義は、近代への抵抗として「後から」発生したものです。

バークは《革新の精神は、一般に、利己的な気質と限定された視野との結果である》と言います。歴史的に引き継がれてきたものには、なんらかの意味があります。《生活についてのふるい意見と規則》の中には、われわれがわれわれ自身を統治する羅針盤のようなものが存在する。それがなければ、われわれがどこの港に進んでいるのか知ることはできない。だからバークは、伝統の中にある知恵、先入見として排除されるものを重視しろと言ったのです。つまり、それは言語化、数値化、概念化できないもの、あるいはそれに馴《な》染《じ》まないものです。

バークはアメリカ独立革命を支持した自由主義者ですが、デイヴィッド・ヒューム以来の懐疑論の伝統を引き継ぐ保守主義の創始者のひとりでもありました。バークがフランス革命を否定し、イギリスの名誉革命を肯定したのは、概念による社会の暴力的破壊ではなく、イギリスの伝統や社会秩序をうまく守りながら変革を進めたからです。

近代の理想に対する懐疑が保守主義であるとしたら、慣習や偏見、先入見を擁護したバークが「保守主義の父」と呼ばれる理由もよくわかります。

哲学者のハンナ・アレントは言います。

《われわれの最近の研究とそこから生れた省察とは、かつてエドマンド・バークがフラン

ハンナ・アレント
（1906～1975年）
アメリカの政治哲学者。ドイツ生まれのユダヤ系。『人間の条件』で現代精神の危機的状況を考察。著書に『全体主義の起原』『過去と未来の間』『革命について』など。　写真：Picture Alliance/アフロ

ス革命による人権宣言に反対して述べた有名な論議の正しさを、皮肉にも遅ればせながら認めているようにも思われる。われわれの経験は、人権が無意味な「抽象」以外の何ものでもないことをいわば実験的に証明したように見える。そして権利とは、生命自体と同じく代々子孫に伝える「継承された遺産」であること、権利とは具体的には「イギリス人の権利」、あるいはドイツ人の、あるいはその他いかなる国であろうと或る国民の権利でしか決してあり得ない故に、自己の権利を奪うべからざる人権として宣言するのは政治的には無意味であることも証明されてしまった》（『全体主義の起原』）

アレントは、法の根拠を神の戒律につなげることができない時代においては、その源泉はネイションにしかないと言います。権利とはネイションから生まれるのであり、ロベス

ピエールの言う「地球の主権者たる人類」からではないと。

国家は個人の自由を阻害しますが、国家がなければそもそも自由自体が成り立たない。

それを理解しなくてはならないということです。

精神の奴隷

保守とは常識人のことです。保守とは保ち守ると言うことです。

そして常識人とは、いかがわしいものを肌で察知できる人のことです。

常識人は「私は常識人だ」と言いません。そういう人を一般に非常識と言う。

しかし、先ほど述べたように、「あえて」常識を語らなければならない状況が発生し、保守主義は「後から」発生しました。保守主義は「主義」とついているものの、イデオロギーではありません。逆にイデオロギーを疑う立場です。

ドイツの詩人、劇作家、小説家、自然科学者、政治家、法律家であるヨハン・ヴォルフガング・フォン・ゲーテも、早い段階でフランス革命を批判しています。

ヨハン・ヴォルフガン・フォン・ゲーテ
（1749～1832年）
ドイツの詩人、劇作家、小説家、自然科学者、化学者、政治家、法律家。代表作に『ファウスト』『ヴィル・ヘルム・マイスターの修業時代』『若きウェルテルの悩み』など。　提供：Bridgeman Images/アフロ

《（フランスの憲法は）国民自身にひじょうに多くの退廃した要素があるので、イギリスのとはまったく違った基盤に立っているのだ。フランスではあらゆるものが、賄賂を使って手に入れることができる。実さい、あのフランス革命にしたところで、まったく賄賂によって動かされていたのだよ》（エッカーマン『ゲーテとの対話』以下同）

《私がフランス革命の友になりえなかったことは、ほんとうだ。なぜなら、あの惨害があまりにも身近でおこり、日々刻々と私を憤慨させたからだ》

《もちろん私は略奪や殺人や放火を目的とし、社会の幸せというにせの楯の背後にかくれて、もっぱら卑劣きわまる利己的な目的しか眼中にないような、革命の暴徒の味方ではない》

《私はあらゆる暴力的な革命を憎むのだ。そのさい良いものが得られるとしても、それと

同じくらい良いものが破壊されてしまうからだよ》
《革命以前にはすべてが努力であった。革命後にはすべてが要求に変わった》

歴史や現実から切り離された抽象的な概念は必ず地獄を生み出します。

ゲーテは言います。

《だから、ある外国の改革を導入しようとする試みは、自国民の本質に深く根ざした要求でないかぎり、すべて愚かなことだ。そうした故意に企てられた革命などは、いっさい成功しないものだよ。というのも、そこには神がいないからだ》

《自国民の本質に深く根ざした要求》以外、要するに外国から革命の理念を輸入してきても、失敗するということです。

小泉純一郎はジョージ・W・ブッシュとの会談後に言い放ちました。

「米国は勝者として寛大な解放者として振る舞った」

「日本は、外圧によって今まで改革をしてきた」

「従って、米国は経済問題や社会問題について日本に対してああした方が良いということがあれば遠慮なく言って欲しい」

「日本は、外圧によって今まで改革をしてきた」というのは事実です。

精神の奴隷がそれを嬉々《きき》として受け入れ、こうした政治家を担ぎ上げてきた。結局日本では《卑劣きわまる利己的な目的しか眼中にないような》連中が、勝利したのです。

見知らぬものに期待を寄せる革新幻想

第一章で紹介したマイケル・オークショットも「愛」の問題に注目しています。

オークショットは言います。

《道具の使用の本質は使い慣れることであり、それゆえ人間は、道具を使用する動物である限り、保守的性向を有するのである》（『政治における合理主義』以下同）

オークショットは、保守的な気質について、慣れ親しんだものに対する愛を例に出しました。

《保守的であるとは、見知らぬものよりも慣れ親しんだものを好むこと、試みられたことのないものよりも試みられたものを、神秘よりも事実を、可能なものよりも現実のものを、無制限なものよりも限度のあるものを、遠いものよりも近くのものを、あり余るものよりも足りるだけのものを、完璧なものよりも重宝なものを、理想郷における至福よりも現在の笑いを、好むことである》

マイケル・オークショット
（1901～1990年）
イギリスの政治哲学者。ロンドン・スクール・オブ・エコノミクスの政治学教授。「実践知」の意義を強調し、合理主義による急激な改革を批判。著書に『リヴァイアサン序説』など。　写真：Alamy/アフロ

一言にまとめれば、抽象より現実を愛せということです。

これと反対なものが近代です。

オークショットの言葉を反転させれば次のようになります。

「保守的でないということは、慣れ

親しんだものよりも見知らぬものを好むこと、試みられたものよりも試みられたことのないものを、事実より神秘を、現実のものよりも可能なものを、限度のあるものよりも無制限なものを、近くのものよりも遠いものを、足りるだけのものよりもあり余るものを、重宝なものよりも完璧なものを、現在の笑いよりも理想郷における至福を、それぞれ好むことである」

まさに近代人の典型です。

見知らぬものに期待を寄せる革新幻想。慣れ親しんだものに対する忘恩。無知に起因するオリジナル幻想。千年王国史観に基づく「歴史の進歩」というオカルティズム。経験よりも合理、現実よりも理想に引き寄せられていく。

福田恆存は言います。

《私が職人を敬愛するのは、彼等の仕事に対する良心、といふよりはその愛情に頭が下がるからです。それは一体何処から来るか。簡単な事です。それは彼等が物を扱ひ、物と附合つてゐるといふ、ただそれだけの事です。名人と言はれる程の人なら誰もが材料と道具の吟味を口やかましく言ふ。今の人間には考へられない辛い徒弟奉公は、何も親方風や兄弟子風を吹かせ、長上に対する忠誠心を仕込みたいからではありません。実は個性や恣意ではどうにもならぬ材料や道具の抵抗力を厭といふほど身に沁み込ませる為なのです。物を使ひこなす前に、物に使ひこなされる様に仕込まれるのが徒弟奉公の目的なのです》（「伝統技術保護に関し首相に訴ふ」）

保守は理想が凶器になることを説く

オークショットを理解すれば、今の日本で「保守」を名乗っている連中の大半は紛《まが》い物であることがわかります。少なくとも、「安倍政権を支持する保守」というのは語義矛盾以外のなにものでもない。

保守は理想を提示しません。逆に理想が凶器になることを繰り返し説くのです。

オークショットは保守的な政治理解についてこう述べます。

《政治における保守的性向に意味を与えるものは、自然法や神的秩序とも、道徳や宗教とも何ら関係がなく、それは現在の我々の生き方を、統治に関する次のような特定の信条と結びつけながら観察することにある。即ちその信条（我々の観点からすれば、それは仮説にすぎないものとみなされるべきである）とは、統治は特殊で限定的な活動であり、その任務は、行為に関する一般的な規則を提供し保護することだ、というものである。その規則は、固有の意味を持った諸活動を押し付けるために計画されたものとして理解されるのではなく、人々が自分自身の選択した活動を行いつつ、その失敗が最小になることを可能にする道具として、従って保守的に対応することがふさわしいものとして、理解されているのである》

オークショットは、政治とは己の夢をかなえる手段ではないと言います。保守思想の理解によれば、《統治者の職務とは、単に、規則を維持するだけのことなのである》

《この性向の人（保守）の理解によれば、統治者の仕事とは、情念に火をつけ、そしてそれが糧《かて》とすべき物を新たに与えてやるということではなく、既にあまりにも情熱的になっている人々が行う諸活動の中に、節度を保つという要素を投入することなのであり、抑制し、収縮させ、静めること、そして折り合わせることである。それは、欲求の火を焚《た》くことではなく、その火を消すことである》

世の中には多種多様な人がいます。夢も価値観も理想も違います。だからそれらの「夢」が暴走し、国や社会を壊さないように管理しなくてはならない。保守的な統治者は、いわばレフリーです。ゲームの運行を管理し、プレイヤーにルールを守らせ、トラブルの調停にあたる。問題が発生したときには、法的な制約を課し、被害者を支える。そして大事なことは、規則の修正は《それに服する者達の諸々の活動や信条における変化を常に反映したものでなければならず、決してそうした変化を押し付けることがあってはならない》。それは全体の調和を破壊してしまうほど大がかりなものであってはならず、単なる仮定の上での事態に対処する目的で行われる変革は認めない。

これが西欧の保守思想が到達した政治の理解です。

一方、人民政府では統治者の個人的な夢や理想が国民に押し付けられます。安倍晋三は、著書『新しい国へ』で、《わたしが政治家を志したのは、ほかでもない、わたしがこうありたいと願う国をつくるためにこの道を選んだのだ》と述べています。安倍は吉田松陰が引用した『孟子』の《自らかえりみてなおくんば、千万人といえどもわれゆかん》という言葉がお気に入りで、「この道しかない」といった安倍政権のスローガンはここから来ているのでしょう。

自分が信じた道が間違っていないという確信を得たら断固として突き進むというわけです。こうして人間は狂気に落ち込んでいきます。

政治は人間の物質的生活の整調だけを目的とすればいい

正確に保守思想を理解すれば、政治の役割も定まってきます。オークショットが語るのはイデオロギーに対する徹底した不信です。そして小林秀雄、三島由紀夫、福田恆存といった「保守」による政治理解もオークショットにかなり近い。

小林は言います。

《政治家は、文化の管理人乃至《ないし》は整理家であって、決して文化の生産者ではない。（中略）

政治家を軽蔑《けいべつ》するのではない、これは常識である。こういう常識の上に政治家の整理技術は立つべきだと考えているだけなのです。天下を整理する技術が、大根を作る技術より高級であるなどという道理はないのでありますが、やはり整理家は、無意味な優越感に取りつかれるらしい。交通巡査でさえそうかも知れぬ》(「私の人生観」)

《政治家には、私の意見も私の思想もない。そんなものは、政治という行為には、邪魔になるばかりで、何んの役にも立たない。政治の対象は、いつも集団であり、集団向きの思想が操れなければ、政治家の資格はない》(「政治と文学」)

《しかし僕の言いたいのは、なぜ現代の政治家がイデオロギーなどという陳腐な曖昧なものの力を過信するか、それがどうもわからんと言いたいのです。(中略)こんなことでどうして政治が能率的技術になるときがあるだろうか。政治は人間精神の深い問題に干渉できる性質の仕事ではない。精神の浅い部分、言葉を代えれば人間の物質的生活の整調だけを専ら目的とすればよい。そうはっきり意識した政治技術専門家が現われることが一番必要なのではないでしょうか》(「人間の進歩について」)

三島の政治理解も(一般的かつ)保守的です。

《胃痛のときにはじめて胃の存在が意識されると同様に、政治なんてものは、立派に働いていれば、存在を意識されるはずのものではなく、まして食卓の話題なんかになるべきものではない。政治家がちゃんと政治をしていれば、カギ屋はちゃんとカギ屋の仕事に専念していられるのである》（「一つの政治的意見」）

福田は《人類の目的や歴史の方向に見とおしのもてぬことが、ある種の人々を保守派にする》と言いました。保守が歴史の背後に「超越的な説明原理」を打ち立てることを批判するのは、原理が現実を歪めるからです。よって、理想を掲げて、それを社会に押し付けようという態度の正反対になる。保守という立場は、後から火を消すものであり逆ではありません。

福田は言います。

《最初の自己意識は、言ひかへれば自分を遮る障碍物《しやうがいぶつ》の発見は、まづ現状不満派に生じたのである。革新派の方が最初に仕来《しきた》りや掟のうちに、そしてそれを守る人たちのうちに、自分の「敵」を発見した。

先に自己を意識し、「敵」を発見した方が、自分と対象との関係を、世界や歴史の中で自分の果す役割を、先んじて規定し説明しなければならない。社会から閉めだされた自分を弁解し、真理は自分の側にあることを証明して見せなければならない。かうして革新派の方が先にイデオロギーを必要とし、改革主義の発生を見るのである。保守派は眼前に改革主義の火の手があがるのを見て始めて自分が保守派であることに気づく》(「私の保守主義観」)

オークショットが言うように保守とは、《欲求の火を焚くことではなく、その火を消すことである》。

専制と独裁は違う

これまで説明してきた通り、近代は前近代の構造を破壊する運動でした。よって国家と個人の間にある共同体が狙われます。

アレクシ・ド・トクヴィル
（1805～1859年）
フランスの政治学者、歴史家、政治家。建国後まもないアメリカを旅行し、『アメリカのデモクラシー』を執筆。平等主義が新しい形の専制につながる危険性を説く。　写真：GRANGER.COM/アフロ

自生的秩序を解体し、人為的に再構築するのがナショナリズムです。あらゆる中間組織が執拗《しつよう》に攻撃を受けた結果、個人はバラバラになり、権力と直結します。近代においては、それは全体主義という形で出現しました。

フランスの政治学者アレクシ・ド・トクヴィルは見事に将来の人間の姿を予言しました。

《私はだから、民主的諸国民が今日その脅威にさらされている圧政の種類は、これに先行して世界に存在したなにものとも似ていないだろうと思う。われわれの同時代の人々はそのイメージを記憶の中に探しても見出せまい。私自身、それについての観念を正確に再現し、形にして収まる表現を求めても得られない。専制や暴政という古い言葉は適切ではない。ものは新しい。これを名づけ得ぬ以上、その定義を試みねばならない》（『アメリカの

デモクラシー』以下同）

専制と独裁は違います。専制は前近代において身分的支配層が行なうものであり、独裁は近代において国民の支持を受けた組織が行なうものです。全体主義は大衆の支持がなければ成立しません。

トクヴィルは、《専制はいつの時代にも危険だが、民主的な世紀には格別恐るべきものである》と言いました。

近代革命により貴族的階層社会やギルド、村落共同体が崩壊した結果、社会的紐帯は消滅し、孤立した個人は《群集の中に姿を没し、人民全体の壮大な像のほか、何も見えなくなる》。

これこそ、「徹底した自己喪失」という現象です。

彼らは、信仰心を失い、権威を認めず、自分の殻の中に閉じこもります。

そこでは、《数え切れないほど多くの似通って平等な人々が矮小《わいしょう》で俗っぽい快楽を胸いっぱいに想い描き、これを得ようと休みなく動きまわる》。

彼らは同胞の運命に無関心で、自分の子どもと特別の友人だけを人類のすべてと考えている。そして無制限に拡大した欲望は永遠に満たされなくなった。
そこには祖国はありません。

ナチスの手口

かつて憲法改正論議に関連し「ドイツのワイマール憲法もいつの間にかナチス憲法に変わっていた。誰も気が付かなかった。あの手口に学んだらどうかね」と発言した男がいました。当時副総理だった麻生太郎です。

麻生太郎
(1940年〜)
日本の政治家。第92代内閣総理大臣を務めた。2012年以降は副総理。未曾有を「みぞうゆう」、踏襲を「ふしゅう」と読むなど、日本語は苦手。
写真：Natsuki Sakai/アフロ

麻生は「御嶽山の噴火で亡くなった方々に、激励申し上げます」と言ったりと、かなりイカれているのですが、二〇二〇年九月には通信制高校の講演で、「若者が政治に関心がないことは、悪いことではない」「それだけ日本で平和に暮らしているということだ」「政治に関心が無くても平和に生きられる国にいる方がよっぽど良い」と発言しました。

問題は日本は平和ですらなく、政治が腐り果てていることだ。

トクヴィルは言います。


《この人々の上には一つの巨大な後見的権力が聳《そび》え立ち、それだけが彼らの享楽を保障し、生活の面倒をみる任に当たる。その権力は絶対的で事細かく、几帳面で用意周到、そして穏やかである。人々に成年に達する準備をさせることが目的であったならば、それは父権に似ていたであろう。だが、それは逆に人を決定的に子どものままにとどめることしか求めない。市民が楽しむことしか考えない限り、人が娯楽に興ずることは権力にとって望ましい。権力は市民の幸福のために喜んで働くが、その唯一の代理人、単独の裁定者であらんとする》

人々は自由を愛するが、その一方で、平等を求める。そして、自由の中に平等を求め、それが得られないと、隷属の中にもそれを求めるとトクヴィルは言います。

自由と平等の有害な結合です。トクヴィルは続けます。

《平等は人を同胞市民の一人一人から独立させるが、その同じ平等が人間を孤立させ、最大多数の力に対して無防備にする》

《そして、私の見るところ、ある種の法の下では、デモクラシーは民主的な社会状況の促進する精神的自由の火を消してしまい、その結果、かつて階級や人間が押し付けていた拘束をすべて断ち切った人間精神が、今度は大多数のものの一般意思に進んで自分を固く縛りつけることになるのではなかろうか。

もし、民主的諸国民が個人の理性の羽ばたきをこれまで妨げ、あるいは過度に遅らせてきたありとあらゆる力の代わりに、多数者の絶対的な力を置き換えたのであれば、害悪の性格が変わっただけのことであろう。人間が自立した生き方を見出したことにはならない。厄介なことに、隷属の新しい形を発見しただけであろう》

恐ろしいほど、見事な指摘ですね。

ごくたまに時代の流れが見えてしまう天才が出現します。トクヴィルはその一人でした。

第四章
Chapter 4
グローバリズムが世界の秩序を破壊する

インターナショナルとグローバル

私が子どもの頃（一九八〇年代）には、「ナショナリズム」という言葉はあまり肯定的に使われていませんでした。たとえば「石原慎太郎はナショナリストだ。けしからん」みたいな使われ方をしていたように記憶しております。実際には石原は反皇室のアナキストだと思いますが、それは別にして、「国は放っておけば戦争を始める。われわれ市民は声を上げて反対しなければならない」といった感じの、戦後民主主義的というか、朝日新聞的というか、ニュースステーション的な論調が世の中にあふれていました。「国際人」「グローバル」といった言葉が素朴に信じられていた時代です。

もっとも当時は「インターナショナル」という言葉のほうがよく使われていました。よく言われるように、「インターナショナル」と「グローバル」は同意語ではありません。インターナショナルは、inter（〜の間、相互）とnational（国、民族）から成り立っています。

つまり「国家間」という含みがあります。

インターナショナルには国家という存在が前提になっています。

一方グローバルは、globe（球体）が、「地球」や「地球儀」を意味するようになり、そこから「地球規模の」「全世界的な」という意味が派生しました。

要するに、インターナショナルが国家を重視するのに対し、グローバルという発想においては、国家という意識は希薄になります。

八〇年代には「国際社会」という言葉も巷《ちまた》にあふれていました。

なにかにつけて「国際社会」。

学校の式典であいさつがあれば「これから国際社会の中で生き抜いていく君たちへ」みたいな話が始まる。

「国際」はマジックワードみたいなもので、頭に付けるとたんにインチキくさくなります。国際ジャーナリスト・落合信彦、国際政治学者・三浦瑠麗、国際勝共連合、国際タクシー……。いや、タクシーは関係ないか。国際ナントカ大学というのも雨後の筍《たけのこ》のようにたくさんできました。

私が子どものころ地元に「国際教育センター」という塾がありました。額縁屋の二階を間借りした小さい塾なのに、名前だけは立派。子どもたちからは「うんこくさい教育センター」と揶揄《やゆ》されていました。

子どもは、本能的に胡散臭《うさん》いものを感知する。つまり、「国際」は、虚勢を張る言葉として捉えられていたのでしょう。

私は学生時代にインドを旅しました。

プーリーという港町に行った時、一泊五〇ルピー（当時のレートで約一五〇円）のドミトリーの前に、小学生くらいの地元の子ども三人が店を出した。折り畳みの長机ひとつでオレンジを手で絞って出すだけの店なのに、画用紙にマジックペンで書かれた店名は「international orange juice center」だった。

グローバリズムと新型コロナ

グローバリズムの歴史を遡《さかのぼ》れば、大航海時代になります。

マクニールは『世界史』でこう述べます。

《「航海者」という渾名《あだな》をもつポルトガルのエンリケ王子（一三九四―一四六〇年）が、大洋発見の劇的な航海への道を準備した。この発見が、たかだか六十年以内の期間に、人

の住める地球上への全航路をヨーロッパ人に開いたのであった》

「はじめに」でも述べたように、エンリケ王子が、三〇海里程度の誤差をもって自分がいる位置を確定できる表を天文学者や数学者につくらせたことにより、長距離の航海が可能になりました。

一四九七年、ヴァスコ・ダ・ガマが喜望峰に到達。造船技術も進化し、アメリカとつながったことが、世界を大きく動かすようになりました。

その影響をマクニールは三つにまとめます。

すなわち、

《アメリカ大陸からの大量の金銀の流入に伴う価格革命》

《アメリカ大陸産の作物の伝播》

《病気の拡大》

です。

ヴァスコ・ダ・ガマ
（1469年頃〜1524年）
ポルトガルの航海者。マヌエル一世が派遣した探検隊の指揮官となり、南アフリカ回航、インド洋を横断し、カリカットに到達。インド航路の発見者となった。　写真：Alamy/アフロ私が特に注目したいのは一番目と三番目です。

《注意ぶかい調査の結果、一世紀内のうちに、スペインにおける物価は、約四倍にも上がったことが判明している。（中略）もちろんだれも銀の供給の増大と価格の上昇の間の関係を理解していなかった。しかしあらゆる社会が影響を受け、ある者たちが栄えるのに対し多くの者が富を奪われ、そして金持ちも貧乏人もこぞって未来に対する不安に脅かされたとき、多くの人々は、それまでの時代にあったものよりもっと大きな貪欲《どんよく》と邪悪が世間に放たれたのだ、と結論した。こうした確信が、この時代のヨーロッパ史をその前後から分かつ、きわめて激しい宗教的、政治的論争を生んだのであった》

大事なところなので、改めて指摘しておきます。

こうした経済の流れが、《大きな貪欲と邪悪》が世間に放たれたという確信につながった。それが近代人のメンタリティーを生み出したということです。

新しい航路が発見されたことにより、新大陸の金や銀、中国の絹や南アジアの香辛料などの利権が発生し、それを巡る戦争が続きます。

ここで情報革命が発生します。

なぜなら、交易が拡大するにつれて、カネを儲《もう》けることができたのは、世界各地の情報を把握した人々だったからです。

すでに述べたように、アンダーソンは時計と暦で計測可能な時間概念による意識変容が国民を生み出したと指摘しました。《均質で空虚な時間》の誕生です。

また、グローバリズムの歴史は伝染病の歴史です。

マクニールは作物の伝播は食料供給を増大させ、病気の伝播はアメリカ侵略を容易にしたと言います。

《例えば、ヨーロッパの船は、多くの疫病―その中には黄熱病やマラリアのような命にかかわる病が明らかに含まれていたが―をアフリカから新世界に運び、そこで蚊《か》の媒介によって中央アメリカおよび南アメリカの各地方を、ほとんど人が住めない状況にしてしまった》

《明らかに、疫病が新たに大洋をわたって広がったことは、ヨーロッパ人にとってきわめて有利な結果を生んだ。本国の人口は、なんら取りかえしのつかぬ損失は被らず、やがてそれまで例を見ない高率の人口増加がはじまった。それに対して南北両アメリカおよびその他の僻地《へきち》においては、急激に伝染病が広まって、ヨーロッパ人の支配に対する原住民の抵抗をくじいてしまった》

グローバリズムとは「ヒト」「モノ」「カネ」「情報」が国境を越えて急速に移動することです。

そういう意味では、新型コロナ騒動もまさにグローバリズムが生み出したものでした。輸送手段が発達していたから、一瞬でウイルスが世界に拡散したのです。もし、日本で鎖国が続いていたら、ここまで大騒ぎにはならなかったでしょう。

マクドナルド化する社会

アメリカの社会学者ジョージ・リッツァは「マクドナルド化」という概念を提出しました。『マクドナルド化する社会』という本も書いています。これは、マクドナルドの経営理念とシステムが社会のあらゆる場所に浸透していることを指摘したものです。

ジョージ・リッツァ
（1940年〜）
アメリカの社会学者。著書『マクドナルド化する社会』では、ファストフード店に象徴される経営理念や合理化が、世界中で環境や健康の破壊、非人間的な関係形成などの不合理をもたらすと指摘。

マクドナルドの経営は、ある意味でグローバル企業の典型です。徹底的な合理化、規格化、効率化により、拡大していきます。「マクドナルドはまずい」という批判は意味がありません。

彼らはそれをおいしいと思う人間をターゲットに絞って商品を作っているからです。

従業員はマニュアルどおりに単純作業を行なえばいいので技能は必要ありません。修業により伝統を引き継いだ職人の店よりも、マーケティングと宣伝により、効果的に市場にエサを投下したほうが儲かるという計算です。

問題はこうした手法が社会を変えていったことです。

ゲルナーも言います。

《成熟した農耕社会の専門特化のいくつかは極端なものであろうとする。それは一生涯にわたる、きわめて長期の全身全霊を打ち込んだ訓練の果実である。訓練はごく若い時に始まり、それは他の関心をほぼ完全に放棄することを要求したであろう。これらの社会における工芸品や美術品生産の業績は、極度に労働集約的で技能集約的であり、その達成した複雑さと完璧さとのレヴェルは、後に産業社会が獲得したレヴェルでは太刀打ちできないほどのものである。産業社会の家庭向け工芸、室内装飾、料理法、道具類、装飾品の安っぽさの悪評はよく知られているとおりである》

《われわれは、非定形的で親密な技能の伝授をもはや尊重できない世界に生きている。というのも、そのような伝授が行われるはずの社会構造は解体しつつあるからである》

今の社会では、すべてはマニュアル・数値で伝達可能であり、あいまいなもの、コンテクストに縛られたもの、阿吽の呼吸といったものは切り捨てられます。

それですでに述べたように、「鮨屋《すしや》に修業は必要ない」という発想になります。

その結果、マクドナルドのような映画、マクドナルドのような音楽、マクドナルドのような本が氾濫《はんらん》するようになりました。

橋下徹
（1969年〜）
日本の弁護士、政治家。2000 年頃から「タレント弁護士」として活動。2008 年に大阪府知事就任。2011 年からは大阪市長に転じ、大阪都構想を推進した。　写真：毎日新聞社 / アフロ

これは政治もそうです。マクドナルドのような政治家が、マクドナルドのような政治を行い、マクドナルドのような人間に支持されています。その結果、日本はマクドナルドのような国になってしまった。

元大阪市長の橋下徹は、マクドナルドで家族で食事をしていることを公言していました。

大阪府知事時代には、日本マクドナルド社へ感謝状を贈呈し、「僕は、マクドナルドで誕生会をすることがステータスだった世代」と持ち上げた。

粉飾決算事件で、約一年九カ月刑務所に入っていた元ＩＴ企業社長は、仮釈放後、最初に食べたのがマクドナルドでした。

もちろん、それをよしとしない人たちが文化を守っているわけです。

橋下は「能や狂言が好きな人は変質者」と言い放ちました。近松門左衛門原作の『曾根

崎心中』を鑑賞して、「演出を現代風にアレンジしろ」などと発言し、文楽協会や大阪フィルハーモニー交響楽団にも攻撃を仕掛けた。

アメリカの政治学者ベンジャミン・バーバーは「マック・ワールド」という言葉を使いましたが、そこの世界の住人は伝統や文化を必要としません。

アメリカという特殊な国

マクドナルドはアメリカで誕生しました。

アメリカは建国当初から自由を至上の価値として掲げている宗教国家です。

そして、マクドナルドが合理化、規格化、効率化を体現しているとしたら、それはアメリカそのものです。

京都大学教授の佐伯啓思はこう述べます。

《アメリカは合理主義精神によって、社会をうまくコントロールできると考えます。人間の無限の自由に大きな価値をおきます。また、徹底した技術主義の国でもあります。基本的にあらゆる問題を、科学と技術の発展によって解決可能だと考えています。

人間の病気も遺伝子レベルの操作で解決できると考えるし、食糧問題が生じればクローン技術を活かせばよい、と考える。戦争は、ハイテク技術を駆使して、巡航ミサイルのピンポイント攻撃でやればよい、とみなす。金融市場の不安定性に対しては、金融工学を駆使した新たな金融商品によって対応すればよい、と言う。

このような徹底した技術主義、それによる人間の自由の拡大、社会を合理的に変革できるという信念、それこそが「アメリカ文明」を特徴づけるものです。そして、これこそが進歩主義にほかなりません。実際、今日の世界で、アメリカほど「歴史の進歩」を信じている国はほかにありません》（『自由と民主主義をもうやめる』）

アメリカはイギリスから自由を求めて渡ってきたピューリタンの国で

佐伯啓思
（1949年～）
日本の経済学者。京都大学こころの未来研究センター特任教授。政治経済を中心とした現代社会論・現代思想を展開。著書に『隠された思考』『さらば、資本主義』など。　写真：読売新聞／アフロ

す。

だからアメリカでは自由を神格化することが保守になります。そこでは、個人の自由に介入するものは悪とされ、極端な個人主義が発生する。政府の干渉を嫌うので、小さな政府を唱えるのが保守になります。

もちろん、こうした保守観は特殊なものです。

アメリカはナショナル・アイデンティティーを基礎づけるために歴史を使うことができませんでした。それで自由という近代イデオロギーを神格化し、統合原理にしたわけです。

近代啓蒙思想の背後に唯一神教のドグマを見いだしたのはニーチェでしたが、こうしてアメリカは暴走していく。近代に対する防波堤としての「歴史」「保守主義」が存在しないばかりか、その対極にあるものを神格化することが「保守」になってしまったわけですから。

こうして「未開」な人間の蒙を啓《ひら》くのが正義であるというアメリカ人の奇天烈《きてれつ》なメンタリティーができあがりました。

アフガニスタン紛争やイラク戦争などの軍事行動をアメリカ大統領のジョージ・W・ブッシュは「十字軍」と呼びました。

アメリカは普遍性の下に戦争を行います。スケープゴートを用意し、悪というレッテルを貼り、それを退治する正義の味方面《づら》をする。冷戦後、共産主義という敵を見失ったアメリカは、イスラムを悪に仕立て上げました。

アフガニスタンのタリバン政権に対して、アメリカとイギリスが始めた戦争は、当初「Operation Infinite Justice」（際限なき自由作戦）と呼ばれていました。

こうした特殊な宗教的価値観を「保守」と思い込むボンクラが「日本とアメリカは価値観を共有する運命共同体だ」などと言い出し、アメリカ隷属体制に結びつくようになったのが、この三〇年間にわたり、わが国で発生したことです。

なぜ保守と新自由主義が結びついたか

新自由主義者が「保守」を名乗る倒錯についても、書いておきます。

一九三〇年代に、ジョン・メイナード・ケインズが、恐慌を防ぐために政府が需要を作り出すべきと主張しました。

その理論に従ったのがアメリカ大統領のフランクリン・ルーズベルトでした。かの有名

ジョン・メイナード・ケインズ
（1883～1946年）
イギリスの経済学者。1936年に発表した『雇用、利子および貨幣の一般理論』は、「ケインズ革命」の言葉を生むに至る。その他の著書に『貨幣論』など。　写真：Mary Evans Picture Library/ アフロ

なニューディール政策を実施し、大規模な財政政策など政府による介入を強めて、恐慌を乗り越えました。

　戦後もこのようなケインズ主義が主流となりましたが、経済学者のフリードリヒ・ハイエクやミルトン・フリードマンらは、ケインズ主義を非効率として否定。個人の自由を侵害するものであると批判しました。しかし彼らの主張はそれほど浸透しませんでした。

　しかし、一九七〇年代にスタグフレーション（不況下のインフレ）が起きて、ケインズ主義に対する信頼が揺らぎ始め、新自由主義が一気に存在感を高めてきました。

　そして、サッチャーやレーガンが、ケインズ主義が掲げた「大きな政府」に対して「小さな政府」を掲げ、一気に新自由主義に則《のっと》った経済政策に舵《かじ》を切ることになります。彼らの共通項は反共ですが、それで「保守」と誤認された。こうして「保守」と「新自由主義」が結びつくことになったのです。

新自由主義とはなにか？

デジタル大辞泉にはこうあります。

《政府などによる規制の最小化と、自由競争を重んじる考え方。規制や過度な社会保障・福祉・富の再分配は政府の肥大化をまねき、企業や個人の自由な経済活動を妨げると批判。市場での自由競争により、富が増大し、社会全体に行き渡るとする》

《大企業や資産家などがより富裕化することを是認し、それらによる投資や消費により中間層・貧困層の所得も引き上げられ、富が再配分されるとする。しかし、再配分よりも富の集中や蓄積・世襲化が進み、貧富の差を広げるという見方もある》

要するにトリクルダウン理論です。

市場を自由放任にすると不況や失業が生じます。だから政府はそれを調整、規制し、国民を保護します。しかしこうした国家の介入や福祉政策は経済に悪影響がある。だから、国営事業や公営事業を民営化し、規制緩和を行い、自由放任にすることが結果的に国民に公平と繁栄をもたらすという理屈です。

しかし、実際には絵に描いた餅でした。

所得を増やしたのは、一握りの超富裕層と新興国の都市労働者で、大多数の先進国の労働者は所得が増えていない。それどころか、格差はさらに広がり、国際的なＮＧＯ（非営利組織）の「オックスファム」が二〇二〇年一月のダボス会議に合わせて発表した報告書では、「世界の富裕層の上位二一〇〇人の資産が世界の総人口の六割にあたる四六億人分の資産を上回る」とし、「富裕層とその他の人々の格差は想像を絶する規模になっている」と指摘しています。

そして、世界で経済的な格差が広がっている一因として、富裕層や大企業向けの優遇税制が行われていることや、富裕層の多くがタックスヘブンなどを利用して、意図的な税金逃れを行っていることを挙げ、富裕層は本来支払うべき税額のうち、三割にあたる額を逃れている、としています。

安倍晋三は「大企業の業績の果実が、国内の中小・小規模企業、そして従業員の皆さんに行き渡らないようであれば、アベノミクスは失敗であると、私は考えています」と言っておきながら、「私はトリクルダウンなんて言ったことない」と開き直りました。

パソナグループ取締役会長で政商の竹中平蔵に至っては、テレビ番組で「（富が）滴《したた》り落ちてくるなんてないですよ。あり得ないですよ」と言い出す始末。結局騙《だま》されたのは貧乏人です。

日本を破壊した新自由主義

かつて日本は「一億総中流」と呼ばれた時代がありました。八〇年代半ばには「ジャパン・アズ・ナンバーワン」として世界から称賛された。

では、なぜ今みたいな情況になってしまったのか？

新自由主義に染まった連中には、共通の考えがあります。「規制緩和」「自由貿易」「財政健全化」「グローバル化」の四つです。これらを推進した連中が日本をぶっ壊したといってもいい。

まずは一九九七年に消費税を三％から五％に引き上げた橋本龍太郎総理でしょう。バブル崩壊で弱り切っていた日本経済が立ち直りの兆《きざ》しを見せ始めていたこの時期に、財務省の振り付け通りに消費税を引き上げたことで個人消費は一気に冷え込み、そこから現在に続く二〇年以上にも及ぶデフレに突入しました。

消費税は消費をした際に支払う「罰金」です。個人消費が冷え込むのは当たり前ですし、そもそも増税は景気が過熱した際に行うインフレ対策のはずです。

橋本は行政改革を「火だるまになってもやり切る」と発言。このとき撒《ま》いた火種により、実際日本は火だるまになっていく。

ちなみにOECD（経済協力機構）が、一九九七年から二〇一八年の間での労働者の賃金を時給換算したところ、イギリスが九三％増、アメリカが八二％増、フランスが六九％増、ドイツが五九％増と主要先進国は軒並み大幅に成長しています。一方、日本は、一九九七年から実質賃金は下がり続け、マイナス八％。先進国の中で唯一のマイナスという不名誉な記録です。

小泉純一郎はアメリカの「年次改革要望書」に基づいて郵政民営化をゴリ押し。郵政民営化関連法案が参議院で否決されると、小泉純一郎は「郵政民営化に賛成してくれるのか、反対するのか、これをはっきりと国民の皆様に問いたい」と言い、衆議院を解散した。職業政治家の判断を無視し、素人の意見である世論に判断を委《ゆだ》ねたわけです。

小泉は、党内で辛うじて生き延びていた少数の保守勢力に「抵抗勢力」とレッテルを貼り、公認を拒み、「刺客」を選挙区に送り込みました。小泉は「自民党をぶっ壊す」と息巻いたが、自民党と一緒に議会主義もぶっ壊したのです。国民の声を汲《く》み上げるシステム

小泉純一郎
（1942年〜）
日本の政治家。第87〜89代内閣総理大臣。「痛みなくして改革なし」をスローガンに、郵政民営化、政府機関職員の非公務員化、規制緩和など構造改革を推進した。　写真：アフロ

も崩壊し、マーケティング選挙による集票を基盤とするいかがわしい都市政党となってしまった。

郵政民営化といってもアメリカが狙っていたのは郵貯、簡保の資金です。それを外資に売り渡すわけですから絵に描いたような売国奴です。

そして、財界からの要請を受けて派遣労働を製造業にまで広げました。リーマン・ショックでの派遣切り、年越し派遣村の惨状は記憶に新しいところです。現在でも派遣労働者は全体の四割近くにも及び、低賃金（平均年収一七九万円）に喘《あえ》いでいます。

暗躍し続ける政商

一方、一連の「小泉改革」で大儲けしたのがパソナグループ取締役会長の竹中平蔵です。

小泉の勧めで自民党から参議院比例区で出馬し、トップ当選。第三次小泉政権では総務大臣兼郵政民営化担当大臣に登用され、小泉の郵政改革の片棒を担ぎました。

派遣労働者が増えれば、人材派遣業を生業とするパソナにカネが落ちます。参議院議員の任期を四年も残しながら、辞職してからは本職だった大学教授に戻りながらも産業競争力会議（現・成長戦略会議）の民間議員としてポジショントークを繰り広げてきました。

竹中は言う。

「問題は、今の正規雇用に関して、経営側に厳しすぎる解雇規制があることだ」

「解雇規制を緩和する、新たな法律を制定することが必要だ」

さらには、すでに超高齢社会の日本において介護従事者が不足することを見通して移民政策にも積極的に賛成の立場をとり、その裏でフィリピンの介護事業会社とパソナを業務提携している。政商と言われる所以《ゆえん》です。

累進課税を悪しき価値観と決めつけ、資本・労働など生産要素に対する課税を大幅に引き下げ、かつ税制をフラット化する「フロンティア型の税制」を推奨して、所得税の最高税率を引き下げることが大切だと主張。最終的には収入にかかわらず一律に課税する人頭税へ切り替えることを視野に入れるべきとも言っています。一律同率の所得税をかければ、

竹中平蔵
(1951年〜)
日本の経済学者。構造改革の中心的人物に挙げられる。その改革の内容は自身が役員を務めるパソナグループの利益誘導になっているとの批判もある。　写真：山田勉／アフロ

高所得者層は減税になり、低所得層はますます貧乏になります。そのくせ、日本の将来を担う若者には自己責任論を押し付けます。

「(若い人に言いたいのは) みなさんには貧しくなる権利がある」

「何もしたくないなら、何もしなくて結構。その代わりに貧しくなるので、貧しさをエンジョイしたらいい。ただ一つだけ、そのときに頑張って成功した人の足を引っ張るな」

大学生の奨学金は今や金融事業と化しており、貸与型ではなく給付型の奨学金を充実させるべきだとの意見が多くを占めるようになりましたが、竹中は自著で「すべてを給付型奨学金にすれば大学生はますます勉強しなくなる」と書いています。意味不明。

国力を高めるには若者の育成が必要ですが、彼の頭の中には目先の利益しかないようです。

アベノミクスの正体

アベノミクスの正体は日本銀行によるＥＴＦ（上場投資信託）の爆買いとＧＰＩＦ（年金積立金管理運用独立行政法人）による株式投資での株高演出と金融緩和による円安誘導にすぎません。それにしても、二度の消費税増税はとんでもないものでした。二〇一四年に五％から八％に上げるときの言い訳は「全額社会保障に充《あ》てるため」としてきましたが、ふたを開けてみれば、三％の増税分のうち八割は法人税減税の原資と、返す必要もない「国の借金（正確には政府の債務）」返済に使い、逆に社会保障は削る方向に動きました。「社会保障のため」なら一般会計ではなく、特別会計にすべきです。お金に色はついていませんから。

実績に胸を張った雇用情勢の改善に関しても二〇一九年末の時点で、第二次安倍政権発足時の二〇一二年より四六五万人、雇用者は増えましたが、うち三五〇万人が非正規雇用者です。所得の格差が拡大するのも当然です。もっとも、新型コロナで真っ先に首を切られたのも非正規雇用者で、その数は一三〇万人超と言われています。

菅義偉が総理大臣となり、最初に会った経済人は竹中でした。竹中が総務大臣だったときに菅は副大臣。つまり、菅は竹中の部下だったわけです。

菅は、総理就任後初の所信表明演説でも「アベノミクスを継承し、一層の改革を進める」と繰り返しましたが、一方で日本の九九・七％を占める中小企業を「生産性が低い」と決めつけ、再編を促すために「中小企業の定義」を変えようとしています。そうすれば、中小企業を保護してきたこれまでの政策を全面的に見直すことができるからです。

そうなれば、弱肉強食の世界に放り出され、確実に失業者は増える。これを菅に吹き込んだのが、デービット・アトキンソンです。日本伝統を守るためという理由で国宝や重要文化財などを補修する会社に入社して、そこの社長に収まっていますが、元々は国際金融資本のゴールドマン・サックスのアナリストで、取締役でもありました。つまり、ハゲタカファンドの一員です。

菅義偉

（1948年～）

日本の政治家。第99代内閣総理大臣。政策理念である「自助・共助・公助」は、自助に偏重するあまり政府が弱者救済を放棄するのではと批判された。

写真：YUTAKA/アフロスポーツ

さらには北尾吉孝率いるＳＢＩホールディングスが地銀再編を画策し

ていますが、これも菅の意見と軸を一にしています。なお、SBIホールディングスの社外取締役には竹中の名前が連なっています。

「市場の判断に従えばいい」は政治の放棄

先述したハイエクは単純な新自由主義者ではありませんが、サッチャーやレーガン、構造改革を唱える勢力に大きな影響を与えたのは事実です。

市場の判断に従えばいいというのは政治の放棄です。市場を放置するのは国家の否定です。そして一番の問題はこうした流れを国家が主導してきたことです。さらにはアメリカに留学し、特殊な保守観を刷り込まれた連中が新自由主義を保守と誤認するようになります。

もっとも、自由主義者であるハイエクは、自分を保守と考えたことはありませんでした。ハイエクは著書『自由の条件』の補論「なぜわたくしは保守主義者ではないのか」でこう述べます。

《このことから保守主義的性質と自由主義的性質の根本的に異なる第一の点が引きだされる。保守主義的な著述家がしばしば認識していたように、保守主義的態度の基本的特性の一つは変化を恐れること、新しいものそれ自体にたいする臆病なほどの不信である》

《一方、自由主義の立場は勇気と確信にもとづき、どのような結果が生じるかを予測できなくても、変化の方向をその進むにまかせる態度に基礎をおいている》

《すなわち素直に表現すれば、保守主義の非啓蒙主義に問題があるとわたくしは個人的に思っている》

《われわれの文明を変化させている思想はいかなる国境をも顧慮しないという事実を、保守主義者は変更することはできない》

ハイエクは、伝統や地域共同体の重要性を説きましたが、それは政府の介入を批判する文脈においてであり、保守主義のそれとは異なります。彼は、反全体主義者、反共産主義者でしたが、その本質は保守の対極にある啓蒙思想の礼賛者です。

一方、保守は《どのような結果が生じるか》予測できないことは、《変化の方向》をその進むにまかせてはいけないと考えます。保守は《一つの未来像から生れた変革》（オー

フリードリヒ・ハイエク
（1899～1992年）
イギリスの経済学者。ウィーン生まれ。ケインズ理論を批判。「秩序のもとにおける自由」を標榜したことから、新自由主義の象徴的人物に挙げられることも多い。　写真：GRANGER.COM/アフロ

クショット）を信用しない。変化自体を拒絶するのではなく、変化の内容を慎重に確認するのです。

オークショットは言います。

《変化の影響が及ばない人もいないわけではないが、それはただ、何事にも気を留めることのない者、自己の有するものについて無知で、自己の環境に対して何の感情も抱かない者だけに起こることである。また変化が無差別に歓迎されることもあるが、そんなことをするのは、大切に思う物事が何もなく、愛着がすぐに消えてしまう者、愛情や愛着に無縁な者だけである》

（『政治における合理主義』）

アメリカの価値観を受け入れた日本人

一九八九年六月四日、北京で天安門事件が発生します。一一月一〇日にはベルリンの壁が崩壊。一二月三日、アメリカ大統領ジョージ・H・W・ブッシュとソ連の最高指導者ミハイル・ゴルバチョフがマルタ島で会談し、冷戦の終結を宣言しました。

敗戦により、精神が破壊され、進んで属国となった日本の悲劇は、冷戦の崩壊時にも繰り返されました。アメリカの特殊な保守観にかぶれた連中が、アメリカの軍事力の勝利を思想の勝利と受け取った、あるいは意図的に関連づけたのです。

アメリカが冷戦をそのように解釈したのはある意味当然です。

もともとそういう国だからです。

多くのアメリカ人は、第二次世界大戦も「ファシズム対自由主義」「悪対善」の戦いと解釈しています。

しかし、ゲルナー、アンダーソン、スミスといったナショナリズムの研究家の議論を振り返ると、後発の近代主義である日本のナショナリズムと先発のナショナリズムが衝突しただけのようにも見えます。

三島由紀夫は言います。

《(前略)二・二六事件その他の皇道派が、根本的に改革しようとして、失敗したものでありますが、結局勝ちをしめた統制派というものが、一部いわゆる革新官僚と結びつき、しかもこの革新官僚は左翼の前歴がある人が沢山あった。こういうものと軍のいわゆる統制派的なものと、そこに西欧派の理念としてのファシズムが結びついて、まあ、昭和の軍国主義というものが、昭和十二年以降に始めて出てきたんだと外人に説明するんです。私は、軍国主義というものは、日本の近代化、日本の工業化、すべてと同じ次元のものだ、全部外国から学んだものだ、と外国人にいうんです》(「武士道と軍国主義」)

三島は、西欧の理念が《軍人に権力をとらせ、軍人を増長させ》、言論統制により《いじるべからざる文化》をいじったと批判しました。東條英機のような人物が《私怨をもって人々を二等兵に駆り立て》前線へ押し出したと。

アメリカはナショナリズム(アメリカの場合は統合原理である自由)のために戦います。すなわちそれは、聖戦です。こうして常に道徳的に優位に立つわけです。

もちろんヒトラーがやったことはロクでもないが、アメリカも広島、長崎へ原爆を投下したり、市街地を空襲したりと、残虐性ではそれほど変わらない。

そして国際法的にもかなり怪しい東京裁判で日本人を一方的に断罪したわけです。

こうした「正義」こそ、アレントがアイヒマン裁判を通して批判したものです。連合国が持ち出した「平和に対する罪」に法的根拠はあるのか。あるとしたら、なぜアメリカによる原爆投下や市街地への爆撃は裁かれないのか。

一番の問題は日本人が喜んでアメリカの価値を全面的に受け入れたことです。

日本は軍部が支配する全体主義国家だった。日本が暴走したのは封建的なもののせいだった。戦前的なものは危険だというわけです。

アメリカ様はそんな日本を悪の支配から解放してくれた。「米国は勝者として寛大な解放者として振る舞った」(小泉純一郎)というわけです。

精神の奴隷はアメリカを善意の救済者と認識することにより、敗戦の屈辱を回避しました。そのうちに過去を否定するのが良心の証明みたいな話になってしまった。価値転換による自己欺瞞《ぎまん》。

これこそ、まさにニーチェが批判したものです。

もちろん事実は逆です。

日本は西欧を「モデル」「青写真」にして急進的な近代化を進めたので、戦争に突き進んだのです。

即席の近代はあまりにも脆《もろ》かった。その後、左翼は自主防衛を否定することで、自称保守はアメリカ追従を肯定することで、主権の完全な回復と独立を拒否したのです。

改革バカ

しかし、冷戦崩壊で深刻な危機に陥ったのはアメリカだと思います。ソ連という「大きな敵」を失ったことで、自分たちの存在意義がわからなくなってしまった。共産主義に対抗するために国家としてまとまらなければならないという意識も希薄になっていく。社会主義が脅威ではなくなったので、資本主義の論理が前面に出て、国家の役割は軽視され、経済格差が広がっていきます。

冷戦下では、共産主義に対抗するため、保守主義者と自由主義者は手を組みました。

しかし、反共で思考停止した「保守」は、本質を忘れ、自由主義に対する警戒心を失っていきます。それどころか、自由主義こそが「保守の本質だ」などと言い出すバカが増加していく。

先ほど述べたようなアメリカに留学した学者連中が、アメリカの要請通りに国のかたちを変えてきました。

こうして冷戦時代で思考停止した「自称保守」が、国家の破壊に勤《いそ》しむというグロテスクな現象が発生します。

この類《たぐい》の連中のやり方はほぼ同じです。

マーケティングによりバカの動向を探り、ルサンチマン（恨みつらみ）や欲求不満に火をつけることで世の中を動かそうとする。「官僚や公務員はけしからん」「あらゆる規制を撤廃して、既得権益を持っている連中を懲《こ》らしめろ」と騒ぎ立てるわけです。そして自分たちは「解放者」「正義の味方」を気取る。

小沢一郎は「守旧派」を仕立て上げ、小泉純一郎は「抵抗勢力」を党から追い出し、民主党政権は官僚を悪玉にしました。

橋下劇場も小池劇場も手口は同じです。

こうした紙芝居を見て、自分たちの足場を破壊していることに気付かない大衆が喝采を送るわけです。

こうした勢力の背後にあるのは、戦前・戦中・戦後の日本を貫く「改革幻想」です。

この類の連中はそろいもそろって「リセット」という言葉を使います。

小池百合子「日本をリセットするために党を立ち上げる」。

橋下徹「一からリセットして日本を作り直す」。

安倍晋三「(構造改革で)社会はあたかもリセットボタンを押したかのように」「新しい国をつくる」。

歴史に対する無知と忘恩。破壊主義と設計主義。プロパガンダと集団リンチ。

革命家気取りで朝から晩まで「改革」と叫ぶような連中が「保守」を名乗り、改革が失敗すれば、改革を疑うのではなく、「まだ改革が足りないからだ」と言い訳をする。

これは宗教と同じです。

教会は信者を騙《だま》し続けるために「まだ信心が足りないからだ」と繰り返しました。

構造改革でできた狂気の政策

一九九六年に「新しい歴史教科書をつくる会」が結成されます。

それより少し前に元共産党の藤岡信勝が自由主義史観研究会を設立します。

それで湾岸戦争のときに「一国平和主義」はおかしいと感じるようになったみたいなことを言い出します。

その後、インターネットの普及も本格化し、ネトウヨも発生しました。

なお、ネトウヨは右翼ではありません。彼らは右翼の文献を読んでいるわけではありません。単に「ネット上にウヨウヨいる社会的弱者を叩くことで充足しているバカ」の略です。

彼らは特定のトピックに反応し、メディアから与えられたテンプレートに乗って、劣化した言論をまき散らす情報弱者にすぎません。オルテガやアレント、オークショットが定義した意味における「大衆」です。

大衆社会においては大衆が主役です。

そして大衆の感情をうまく動かす勢力が拡大していきます。

一九九一年一月、アメリカを中心とする多国籍軍がイラクを空爆しました。

これは一九九〇年八月のイラクのクウェート侵攻に端を発します。アメリカはイラクを非難し、国連安全保障理事会の武力行使容認決議を背景に、イラクを追い詰めていきます。

このとき、日本は多国籍軍へ一三〇億ドルを拠出しましたが、自衛隊は派遣しませんでした。

この一件がトラウマになった人が多いようです。

「日本はカネを出したのに国際社会からは感謝されなかった。ムキー！」

「日本人も平和のために血を流せ！」と言い出した。外圧だけでなく、日本人自らが言い出したところがポイントです。小沢一郎も一九九三年の『日本改造計画』で、軍事も含めた積極的な国際貢献を主張しています。

ちなみに同書は小沢の考えをベースに、御厨貴、飯尾潤、伊藤元重、北岡伸一といった学者が協力して書いたものですが、新自由主義的な経済改革、貿易自由化の推進、首相官邸機能の強化、小選挙区制の導入などが提唱されている。

こうして国家の中枢から構造改革の流れが出てきます。

自民党は一九八九年の政治改革大綱で、小選挙区制度を提唱。小選挙区比例代表並立制が導入されたのは一九九四年の細川政権下ですが、それ以前に自民党の中から選挙制度を変える流れが出てきたわけです。

「民意を問え」「国民の審判を仰げ」「官から民へ」「官僚内閣制の打破」……。こうした言葉が国家の中枢から発せられ、首相公選制、道州制、一院制、裁判員制度といった狂気の政策が平然と唱えられるようになりました。

こうした流れは、最終的に、七年八カ月に及ぶ安倍政権に行き着きます。戦後レジームからの脱却を謳《うた》いながら戦後レジームを確定させ、トランプやプーチン、習近平のケツをひたすら舐《な》め、戦後の腐敗を集約し、国家の根幹に火を放ちました。

なお、安倍はイラク戦争がなんだったのかをまったく理解しておらず、二〇一四年五月には、国会でバカなことを言って笑いものになりました。

《累次にわたる言わば国連決議に違反をしたのはイラクでありまして、そして大量破壊兵器がないことを証明できるチャンスがあるにもかかわらずそれを証明しなかったのはイラクであったということは申し上げておきたい》

これは「悪魔の証明」問題です。ないことの証明はできません。

小泉純一郎も同じことを国会で言っていましたが、これは自民党の立場なのでしょう。

二〇一六年七月七日、安倍政権はイラク戦争に関し、米英の武力行使を支持した小泉の判断を「妥当」と判断します。小泉の判断を事実上追認した二〇一二年の外務省報告も見直さない方針で、その理由として、「イラクは当時、大量破壊兵器を保有していない事実を証明しようとせず、査察受け入れを求める国連安全保障理事会決議にも違反した」とのこと。

アホにも限度があります。

アメリカの最終報告書は、大量破壊兵器は存在せず、具体的開発計画もなかったことを明らかにしています。ジョージ・W・ブッシュは「私の政権の期間中、最も遺憾だったのが、イラクの大量破壊兵器に関する情報活動の失敗だった」と認め、コリン・パウエルは「騙された」と述べています。イギリスの独立調査委員会は、当時のブレア政権（労働党）がサダム・フセインの脅威を過剰に表現し、準備不足の英軍部隊を戦地に送り出し、戦後の計画は「まったく不十分だった」という見解を発表。トニー・ブレアもまた「開戦当時の情報分析は、結果的に誤っていた」と認めました。

こうした中、日本政府はイラク侵略を強硬に進めたドナルド・ラムズフェルドやわが国に内政干渉を続けるリチャード・アーミテージに旭日大綬章を叙勲します。

いろいろな意味で日本は終わっています。

党に媚びるしかない思考停止した議員たち

一九九四年の小選挙区比例代表並立制の導入と政治資金規正法の改正で、わが国の運命はおおかた決まってしまいました。小選挙区制度は、二大政党制に近づきます。死票は増え、小さな政党には不利に働きます。政治家個人の資質より党のイメージ戦略が重要になるので、ポピュリズムが政界を汚染するようになりました。

また、政治資金規制法改正により、党中央にカネと権限が集中するようになりました。

これにより政治の形が変わります。

かつては党内で利害調整や合意形成といった根回しをしっかりやっておく必要がありました。派閥があったのは中選挙区制だからです。一つの選挙区で自民党の議員同士が戦うのだから、党内にも緊張関係がありました。当然、同じ選挙区の議員とは同じ派閥には入らない。政策論争もありました。

しかし、党の中央の権限が強くなった結果、ひたすら党に媚《こ》びへつらう思考停止した議員ばかりになりました。

自民党がダメになってしまったのはこれが原因です。

安倍政権時代に関西の某所で、自民党の国会議員から「適菜さんの書いた文章は全部読んでいます。全くその通りだと思います。私たちも今の政権はおかしいと思っているんですよ」と言われました。

そういうことは、直接安倍に言えばいい。

二〇一五年の安保法制騒動のとき、自民党の某国会議員と酒の席で話をしました。私が「安倍を放置しておけば確実に国が滅びる。あなたは政治家として飯を食い続けるのと、国を守るのとどちらを選ぶのか」と問うと、彼は「僕は、政治家は一枚のカードしか持っていないと考えている。そのカードは大切にしなければならない。そしてそれを切るのは今ではない」と言う。

アホかと。

政治は一枚どころか、常にカードを切り続けるような仕事です。「今一枚のカードが切れないなら、あなたは一生切れないよ」と言うと、気まずい空気になりました。今ではその議員と付き合いはありません。もちろん、今の自民党は異常なので、歯向かえばひどい目にあうでしょう。小泉純一郎は実際に郵政民営化に反対する議員に刺客を送りました。しかし、党議拘束に従うだけの「挙手要員」なら誰でもできます。結局はそれぞれの議員の気力の問題だと思います。

私は二〇一一年八月に『ゲーテの警告　日本を滅ぼす「B層」の正体』という本を書きました。

いまだに勘違いしている人がいますが、B層とは私がつくった概念ではありません。二〇〇五年九月のいわゆる郵政選挙の際、自民党が広告会社「スリード」に作成させた企画書「郵政民営化・合意形成コミュニケーション戦略（案）」による概念です。

この企画書は、国民をA層、B層、C層、D層に分類し、「構造改革に肯定的でかつIQが低い層」「具体的なことはよくわからないが小泉純一郎のキャラクターを支持する層」をB層と規定しています。

要するに単なるバカではなく、構造改革に疑問を持たずに流されていくような人たちです。

郵政選挙ではこのB層に向けて、

「改革なくして成長なし」

「聖域なき構造改革」

といった小泉のワンフレーズ・ポリティクスが集中的にぶつけられました。

「郵政民営化に賛成か反対か」

「改革派か抵抗勢力か」

と問題を極度に単純化し、大衆を動かしていく。

結果、自民党は変質。党内にいたごく少数の保守派は消滅し、新自由主義者と政商、カルトの複合体となりました。支持層も変質しました。都市部のふわっとした民意がターゲットになったのです。

日本の政治は死にました。今ではすでに社会工学になっています。バカをターゲットにしぼったプロパガンダとマーケティングにより、人間の心の闇、脆弱《ぜいじゃく》な部分を狙い撃ちにしたテクノロジーが発達すれば、ニヒリストは算盤《そろばん》をはじきながらそれを利用します。

結局、テクノロジーが人間に勝ったのです。

グローバリズムは国家さえ邪魔になる

大昔からの知り合いで、北海道にちょっとめんどくさい夫婦（私より二〇歳も上）がいるのですが、中国の広州に一緒に行ったことがあります。夜、レストランで食事をしているときに、何かの拍子でおばはんの機嫌が悪くなりました。夫のKさんの一言が気に障ったようでした。レストランからホテルへ歩いて帰る途中、にぎやかな屋台の市場で食用のネコが売られており、店のオッサンが生きたままビニール袋に入れて、ぎゅっと結んでいました。

そのおばはんは、ネコを飼っていたことがあるらしく、それを見てさらに不機嫌になり、しまいには泣き出した。するとKさんは「女房が不機嫌になったのはお前のせいだ」と言い出した。本当にめんどくさい。

五年くらい前に久しぶりに札幌でKさん夫婦に会いました。私はちょうどカネを持っていたので、居酒屋でおごってあげた。

二軒目はスペインバルに行ったのですが、そこでフランスの歴史人口学者エマニュエル・トッドの話になりました。女性の識字率と出生率の関係の話をKさんとしていると、そのめんどくさいおばはんが「ちょっとお、それじゃあ、女性に高等教育は必要ないってことお！」とヒステリックに騒ぎ出しました。そんなこと、一言も言っていないし、識字率の話はトッドが言っていることだと説明しても、聞く耳を持たず喚《わめ》いているので、適当に理由をつけて帰りました。

トッドは『グローバリズム以後』という本で、グローバリズムにより国家が弱体化し、世界各国で民主主義が機能不全に陥っていると指摘します。その共通の原因は《自由貿易という経済思想》です。

ナショナリズムは資本主義の要請による人間の解体と再構成という側面がありますが、グローバリズムはそれさえ突き抜け、さらにアトム化を進めていく。そこでは国家すら邪魔になります。近代にかろうじて付随する文化を切り落とし、純粋な労働力と捉えるわけです。

トッドはそれを《ハイパー個人主義》と呼びました。

人間の数値化、抽象化がさらに進み、「今だけ、カネだけ、自分だけ」になっていく。個人の欲望が全開になれば、社会は崩壊します。

トッドは言います。

《欧州の歴史を見ると、共同体としての信仰は、キリスト教という普遍性の高い宗教の登場とともに始まりました。それが政治思想に変化し、民主主義を可能にし、政党を作り上げる力になっていった。共同体の代表的なものは国であるけれども、国民さえ一体として行動できなくなっているのは、同じ共同体に生きているという感覚の解体があるからです》

グローバリズムによりナショナリズムが破壊されているように見えますが、それはナショナリズムの作用そのものによって発生しています。つまり、アトム化の加速です。

すでに国民が一体になって行動するのは不可能な時代になりました。共同体意識が希薄になっているので、総力戦も不可能です。

新型コロナ騒動を見てもわかるよ

エマニュエル・トッド
（1951年〜）

フランスの歴史人口学者、歴史人類学者。1976年に発表した『最後の転落』でソ連崩壊を予言。著書に『グローバリズムが世界を滅ぼす』など。　写真：Abaca/ アフロうに、国家が災害に対して舵取りをするのが難しい時代になっています。

ナショナリズムは消滅しない

ではこの先、グローバリズムはナショナリズムを解体していくのでしょうか？

物事はそれほど単純ではありません。

ここまでの話をまとめます。

ナショナリズムとグローバリズムは対立する概念ではなく、相互補完的なものです。

グローバリゼーションは、資本、労働、商品、情報が国境を越えて移動していくことですが、それにより、世界は縮小し、相互依存を深めます。

グローバリズムがナショナリズムを生み出したのであり、ネイションがなければグローバル企業は成立しません。労働力を生み出したり、教育を行うのは国家だからです。

グローバリズムは主権の問題を強く意識させるようになり、国民軍がつくられました。

そして、国境が明確に確定していきます。

イギリスの社会学者アンソニー・ギデンズは、グローバリズムによりローカリズムが復活していることを指摘しました。世界を平準化していく圧力が、地域への新たな愛着を誘発するのです。

スミスも、グローバリズムはナショナリズムの影響を小さくするどころか、逆に強化すると指摘しました。

《だが、欧米においても、ネイションの聖なる基礎が雲散霧消してしまったわけではない。確かに聖なるものは世俗的な合理主義の挑戦を受け、社会や政治の変化への適応を迫られた。しかし、世俗的ナショナリズムという「政治的宗教」は、みずからを合理主義の時代に唯一実行可能な救済劇の脚本であるとアピールしながら、それ自身の礼拝、象徴化、神話形成のために古い宗教的モチーフを利用し続けている。結局のところ、合理主義の実践も、集団レベルでは

アンソニー・ギデンズ
（1938年～）
イギリスの社会学者。構造と主体は基礎付け合うとする「構造化理論」を提唱。ブレア政権の「第三の道」路線を後押しした。著書に『近代とはいかなる時代か?』など。　写真：picture alliance/アフロ

一定の協働と政治的連帯を前提にしているのであって、明確な枠組みと政治的舞台を必要とする。（中略）独自の歴史と運命によって他から区別される共同体―こそが、政治的連帯の枠組みとして最も大衆受けし利用しやすいものであることは間違いない》（『ナショナリズムとは何か』）

結局、いくらグローバリズムが猛威を振るおうと、《人民の宗教としてのナショナリズム》が消えることはありません。

グローバル資本が国家に対して責任をとることはありません。その一方で国家を利用する。その反発が、ここしばらく世界中で見られるようになりました。

イギリスのブレグジットもそうです。これはEUから離脱して国家主権を取り戻すという運動です。

アメリカのトランプ現象もそうでした。アメリカは世界の警察官をやめようとしました。

トッドはこれを《グローバル化疲れ》と呼びました。

グローバリゼーションにより国の破壊が進み、世界は疲弊している。それで国民国家の枠組みに戻ろうとしているのだと。つまり、グローバリズムがナショナリズムの再生につながっているわけです。

こうした世界的な流れの中、思い切り逆噴射していたのが日本です。

安倍政権が「移民政策はとらない」と大嘘をつきながら、国の形を完全に変えてしまう移民政策を推し進めた結果、日本は世界第四位の移民大国になっています。

安倍は「我が国がＴＰＰを承認すれば、保護主義の蔓延《まんえん》を食い止める力になる」とも言っていましたが、国家を否定し、主権を放棄してきた結果、日本は「列強」の食いものになってしまいました。

第五章

Chapter 5

ナショナリズムと日本人

「学問」と「人民独立の気力」

近代化の流れに敏感に反応したのが「言葉」を専門的に扱っている人たちでした。そして彼らは、その後も一貫して近代の問題を考え続けました。

たとえば、福沢諭吉は「脱亜入欧」を説きました。しかし、彼は西欧かぶれの啓蒙《けいもう》主義者でも進歩主義者でもありません。近代化、西欧化の問題と対峙《たいじ》するために、近代の本質をつかまなければならないと説いたのです。近代が歴史的必然だとしたら、日本はどのように動けばいいのかと考えたのです。思考停止し、「近代なんて嫌だあ」で終わったら、列強の食いものにされるだけです。

当時は西欧列強がアジア諸国を植民地化していた時代です。中国はアヘン戦争に負けて、いくつかの都市が植民地化されました。

福沢諭吉

（1835 ～ 1901 年）

日本の啓蒙思想家。1858 年、江戸に蘭学塾を開き、これは後に慶應義塾となる。明治維新後は脱亜論を唱える。著書に『学問のすすめ』『福翁自伝』など。　写真：近現代 PL/ アフロこれまで述べてきたように、近代の構造上、前近代に戻るのは不可能です。福沢はそれを指摘したのです。

一度国を開けば、蒸気や電信は大きな変動を引き起こす。福沢は《保守の文字は復古の義に解すべからず》と言いました。

では近代の内部で戦うための武器はなにか？

福沢は「学問」であり《人民独立の気力》だと言います。

『文明論之概略』で福沢は《日本には政府ありて国民なし》と嘆きました。

福沢は日本が生き残るためにネイション（国民）を創出しなければならないと説いたのです。

ナショナリズムによる国民形成は民衆の間に同朋意識が形成されるまで続きます。

大澤真幸は言います。

《もっと端的にいえば、民衆の多くが、危機的な局面にあっては、国民国家のために死ぬことを受け入れてるかどうかが、国民であるかどうかの指標である。

さて、こうしたことを考慮に入れたとき、日本人が国民になったのはいつのことか。国民が、水平的な同胞意識を特徴としていることを考えると、江戸時代の身分制が廃止された明治維新期は、そのような転換期の候補であるように思える。だが、明治の初頭にあっては、国民としての日本人はまだ形成されていない。その端的な証拠は、一八七三（明治六）年に出された徴兵令に対する日本人の反応である。大多数の民衆は、兵役を逃れようと必死に画策した。ある者は仮病を使い、別のある者は逃亡した。また、養子になったり、分家したりして、戸主か長男になって、合法的に兵役を逃れた者もいた。結局、徴兵対象者の八割から九割が免役になった、とされている。福沢諭吉は、『文明論之概略』で、国民とは、「外国に敵対する」ときに「所謂《いわゆる》見物人」とはならずに「武器を携えて出陣する」覚悟のある「戦者」のことだと論じているが、そのような意味での国民は明治の初頭には、まだいなかった》（『ナショナリズムとグローバリズム』以下同）

これはヨーロッパでも同じです。

ナショナリズムという近代の作用がなければ、人々が国のために死ぬことはありえません。

古代の戦士はナショナリズムが原因で死んだわけではありません。

ついでに言えば、グローバリストも国のためには死にません。

二〇一四年四月二〇日、安倍晋三は「たかじんのそこまで言って委員会」という番組に出演し、「私はお国のために死ねる。〇か×か？」という質問に対し、△のパネルを出しました。

総理大臣は自衛隊のトップであり、部下を戦地に送り込む立場です。部下は国のために命をかけている。上司が「国のために死ねるかどうかわからない」というなら、自衛隊員は死んでも浮かばれません。

大澤は言います。

《結論的にいえば、大多数の日本人が、まさに自らを「国民」であると意識し、日本を運命共同体として実感するようになったのは、日清戦争（一八九四―九五年）から日露戦争（一九〇四―〇五年）にかけての時期である。あるいは、もう少し前の、大日本帝国憲法が発布され、帝国議会が開設された頃（一八九〇年）から始まる期間をとってもよいかもしれない。要するに、明治二〇年代中盤から三〇年代後半にかけての時期が、国民としての日本人が誕生した時期だとみなすことができる》

学問は面白いものですね。

日本国民が誕生したのは、明治二〇年代中盤から三〇年代後半と明確にしてしまうわけですから。

《たとえば、日清戦争の前には、庶民の間には、「朝鮮国がどうなろうがこっちの知ったことではない」という風潮もあり、戦争への関心は必ずしも高くなかったが、戦争が始まり、勝利が次々と報道されると、雰囲気は一変し、各地で戦勝祝賀会が催され、人々は日の丸を振りながら、「天皇陛下万歳」などと連呼した。一般の民衆が兵役をよいこととして受け入れ、戦死を「名誉」と見なすようになったのは、このときが初めてである。八割以上の人が徴兵から逃れようとした明治初頭とは、情況はまったく異なっている。さらに、日露戦争のときには、多大な犠牲を払ったにもかかわらず（戦病死者の数は日清戦争のときの一〇倍だった）、賠償金が得られなかったがために、一般の人々が激しく怒り、ときの政府を批判した。日露戦争が、「国民の戦争」と受け取られていたからである。

したがって、日本においては、国民は、明治時代の始まりからのおよそ四半世紀強ほどの期間で形成され、誕生した、ということになる》

「日本の開化は違う道を辿った」と看破した夏目漱石

アンダーソンの公定ナショナリズムについての議論はすでに紹介しましたが、この問題を正面から指摘したのが小説家の夏目漱石です。

漱石は西欧の近代化は必然だったとした上で、日本の開化は違う道を辿《たど》ったと言います。

《もし一言にしてこの問題を決しようとするならば私はこう断じたい、西洋の開化（すなわち一般の開化）は内発的であって、日本の現代の開化は外発的である》

（「現代日本の開化」以下同）

夏目漱石

（1867～1916年）

日本の小説家、英文学者。松山中学、第五高等学校で英語教師を務めた後、文部省留学生としてイギリス留学。代表作に『吾輩は猫である』『坊っちゃん』『こゝろ』など。　写真：Interfoto/アフロ

西欧における近代化の背景には、独自の歴史の蓄積があります。教会とアンチクリストの関係もあるし、哲学の問題もあります。

しかし、日本は開国しなければならない状況に追い詰められ、「モデル」「青写真」をお手本にして、無批判に近代を受容し、神棚に飾った。私は日本に保守主義が根付かなかった、あるいは受容すらされなかった理由はこれだと思います。

漱石が言うように近代が「外発的」なら近代を警戒する姿勢も「外発的」にならざるを得ない。結局は真似事《まねごと》なのです。

近代に対する免疫力を持たない日本は、「超近代」とも呼べるような状況に突き進んでいく。日本が現在のような状況に陥ることを漱石は見事に予言しました。

《これを前の言葉で表現しますと、今まで内発的に展開して来たのが、急に自己本位の能力を失って外から無理押しに押されて否応《いやおう》なしにそのいう通りにしなければ立ち行かないという有様になったのであります。それが一時ではない。四五十年前に一押しされたなりじっと持ち応《こた》えているなんて楽な刺戟《しげき》ではない。時々に押され刻々に押されて今日に至ったばかりでなく向後何年の間か、または恐らく永久に今日のごとく押されて行かなければ日本が日本として存在出来ないのだから外発的というより外に仕方がない》

日本人は流されるようにして、近代システムに組み込まれました。
そして近代を知らないまま、《時々に押され刻々に押されて今日に至った》。
漱石は嘆きました。

《一言にしていえば開化の推移はどうしても内発的でなければ嘘だと申上げたいのであります》

日本の近代化は自然発生したものではない。よって《天狗《てんぐ》にさらわれた男のように無我夢中で飛び付いていく》ようなものになった。

《こういう開化の影響を受ける国民はどこかに空虚の感がなければなりません。またどこかに不満と不安の念を懐かなければなりません。それをあたかもこの開化が内発的ででもあるかのごとき顔をして得意でいる人のあるのは宜《よろ》しくない》

薩長の反逆者が美化されたのはご存じのとおりです。

《これを一言にして言えば現代日本の開化は皮相上滑りの開化であるという事に帰着する

のである》

《とにかく私の解剖した事が本当の所だとすれば我々は日本の将来というものについてどうしても悲観したくなるのであります。外国人に対して乃公《おれ》の国には富士山があるというような馬鹿は今日は余りいわないようだが、戦争以後一等国になったんだという高慢な声は随所に聞くようである。中々気楽な見方をすれば出来るものだと思います》

ネットを見れば、《天狗にさらわれた男》《乃公の国には富士山があるというような馬鹿》ばかりです。逆に言えば、空虚だからこそ、チープな価値を捏造《ねつぞう》して、その空白を埋めようとするのでしょう。

近代の暴力と闘った小林秀雄

小林秀雄はナショナリズムの本質を深く理解していました。

それは近代を理解するということと同じです。

小林は言います。

《西洋模倣の行詰りと言うが、模倣が行詰るというのもおかしな事で、模倣の果てには真の理解が現れざるを得ない。そして相手を征服するのに相手を真に理解し尽すという武器より強い武器はない。これは文化の発達の定法であって、わが国の文化は、明治以来この定法通りに進んで来た》(「満洲の印象」)

《近代人が近代に勝つのは近代によってである。僕等に与えられて居る材料は今日ある材料の他にはない。その材料の中に打ち勝つ鍵を見付けなければならんということを僕は信じて居ます》(「近代の超克」)

小林は近代の構造により覆い隠された領域を批評の対象としました。

詩人のアルチュール・ランボー、作曲家のヴォルフガング・アマデウス・モーツァルト、画家のフィンセント・ファン・ゴッホやクロード・モネ、哲学者のアンリ・ベルグソン、国学者の本居宣長といった人たちを批評の対象にしたのは、彼らが近代の構造により覆い隠された領域に目を向けたからです。

三島由紀夫は小林の真髄をこう評しました。

《あらゆるばかげた近代的先入観から自由である結果、近代精神の最奥の暗所へ、づかづかと素足で踏み込むことのできた人物》（「小林秀雄氏頌」）

小林は数値化、概念化といった近代の暴力と闘いました。
小林は丸暗記させる教育だけが意味があると言います。

《「論語」はまずなにをおいても、「万葉」の歌と同じように意味を孕《はら》んだ「すがた」なのです。古典はみんな動かせない「すがた」です。その「すがた」に親しませるという大事なことを素読教育が果したと考えればよい。
「すがた」には親しませるということが出来るだけで、「すがた」を理解させることは出来ない。とすれば、「すがた」教育の方法は、素読的方法以外には理論上ないはずなのです》
（『人間の建設』）

型をそのまま受け容《い》れることが文化であり、それを子どもに伝えることが教育であると

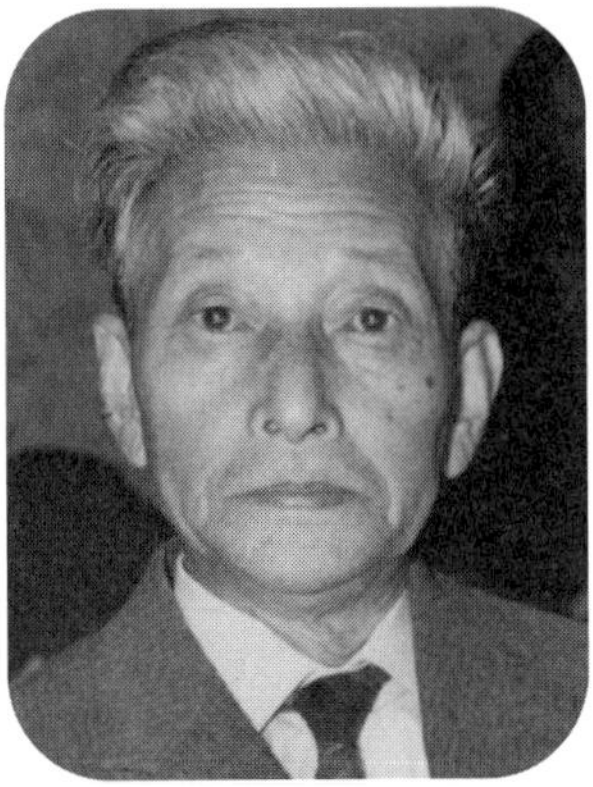

小林秀雄
（1902～1983年）
日本の批評家。富永太郎、中原中也らと親交をもった。1967年、文化勲章受章。著書に『様々なる意匠』『考えるヒント』『モオツァルト』『本居宣長』など。　写真：毎日新聞社／アフロ

いうわけです。
理論や理屈より、型を身につけるほうが先なのだと。
複雑なものは稽古により型として身体に叩き込まなければならない。
これは近代と真逆の発想です。
小林は言います。

《フォルム（forme）とは言うまでもなく形のことだ。（中略）formeという言葉はformaから発したのであろうが、中世の教養人にとって、フォルマとは、恐らく世界観の上で根底的な考えを現していたであろう。凡《およ》そ物の形とは、物の本質である事を、思索人は疑いはしなかったであろう。それよりも、私達が日常使っている「かたち」だとか「すがた」などとかいう言葉は、私達の記憶とともに古いのだが、「万葉」の「すがた」とか「源氏」の「かたち」とかいう言葉に比べて、どれほど極限された貧しい意味合いに使われているかを想いみれば足りるのである》（『近代絵画』）

近代人は分解して解析しないと気がすまない。

しかし、型とは分解できない相互の連関です。

小林は続けます。

《物事の認識や理解の基準として、形というものは何んの役にも立たぬという強い考えが支配する様になった。見掛けの形を壊してみなければ、物の正確な理解には達し得ないという傾向が、近代の教養や知識の原動力となった》(同前)

しかし、大事なことは理論によって裁断することではなく、分類することでもなく、対象に馴染むことです。

現代人の「さかしら」な解釈により古典を理解するのではなく、古典の「形」が見えてくるまで見たり、声が聞こえてくるまで聞くということです。

解釈書を読んでもなにもわかりません。自分を空にして古典と向き合い、当時の社会や人物の世界に入り込まなければならない。

小林は本居宣長の「姿ハ似セガタク、意ハ似セ易シ」という言葉を引く。

《歌は読んで意を知るものではない。歌は味うものである。似せ難い姿に吾れも似ようと、心のうちで努める事だ。ある情からある言葉が生れた、その働きに心のうちで従ってみようと努める事だ。これが宣長が好んで使った味うという言葉の意味だ》（「言葉」）

ついでに言えば料理は味わうものです。分解して解析してもなにもわからない。

小林はひたすら型、フォーム、文体について論じ続けました。

《漢ごころの根は深い。何にでも分別が先きに立つ。理屈が通れば、それで片をつける。それで安心して、具体的な物を、くりかえし見なくなる。そういう心の傾向は、非常に深く隠れているという事が、宣長は言いたいのです。そこを突破しないと、本当の学問の道は開けて来ない。それがあの人の確信だったのです。その自己証明が「古事記伝」という仕事になった》（『本居宣長』をめぐって）

情報の伝達のためには数値化・概念化したほうがてっとり早い。しかし、そこから漏れ落ちるものは大きい。こうした手に職をつけている人たちの感覚・常識が通用しなくなったのが近代です。その概念化の暴力と闘ったのが小林でした。

型、フォーム、文体

先日、若者の集団と酒を飲み、話をしました。

私が源氏物語について話をすると、彼らは「カネがなくて生活が厳しいので、古典の勉強まで手が回らない」と答えました。

逆ではないでしょうか。古典を読むのにカネはかかりません。與謝野晶子訳の源氏物語は池袋のブックオフで一一〇円で売っていました。

一般論として、世の中に存在する最高の贅沢《ぜいたく》を享受するのにカネはそれほどかかりません。

上野の国立西洋美術館に行けば、子どもの小遣い程度の金額で、奇跡に近い画家の視点を共有できます。少し時間があるのなら、山に行くのもいいし、数百円で入ることができる庭園を回るのも贅沢です。

要するに、日常的に価値があるものと触れ合っていればいいのであり、その過程で他のモノもきちんと見えるようになります。

音楽の価値を理解できる人間が味音痴ということは考えにくい。逆もまた真なり。

小説も数行読めばわかるようになります。「そんなわけはない。最後まで読まなければ小説の価値などわかるわけがない」と言われるかもしれませんが、文章も音楽も重要なのはフォームです。

だから価値ほどわかりやすいものはありません。

野球、水泳、短距離走……。あらゆるスポーツでは最初にフォームを直されます。フォームを直せば記録は改善されます。剣道、空手などの武芸も、ひたすら「型」を叩き込みます。楽器の習得も箸の使い方も同じです。

「伝統型」と呼ばれる正しい箸の持ち方は、その他の持ち方に比べて、きちんと箸先を閉じることができることが実証されています。箸先をきちんと閉じることができるということは、正確につまんだり、落とさないで口元までもっていくことができることを示しています。

つまり伝統的に「正しい」とされてきた型には、根拠があるということです。型を軽視し、我流を貫き、数字・概念だけを追えば、人間は貧しくなります。

高度な文化と精神世界の成立が前提にある源氏物語が一一世紀に書かれ、人間精神と無縁の安倍晋三が二一世紀に担がれる。

安倍は箸をきちんと持つことができません。

ネットで「犬食い」「迎え舌」と検索すると、安倍の写真が上のほうに出てきます。要するに安倍は食事マナーが最悪な人間の代表として、一般に認知されているわけです。

安倍の不作法は常軌を逸しています。

下品というレベルではない。そのまま食事の作法の教科書の実例に使えるようなマナー違反のオンパレードです。

握り箸、渡し箸、逆さ箸、掻き箸、込み箸、舐り箸……。茶碗の持ち方もデタラメです。

以前、ユネスコの無形文化遺産に「和食」が登録された際、内閣広報室は動画をつくり、世界に向けて和食の魅力を発信しました。約五分の動画で、安倍は和食の文化について語り、その後、誰もが驚愕《きょうがく》する挙に出ます。「それではいただきます」と言うと同時に、目の前にある御飯茶碗を左手で、箸を右手で同時に持ち上げ、さらに箸を宙で回転させ、最後は口からはみ出た御飯を箸で押し込みました。わずか三秒くらいの間に、最低でも四つのマナー違反を犯していました。

恥さらしとしか言い様がありません。

精神の幼児が日本の伝統文化を破壊するおぞましい姿を、内閣府が全世界に発信したわけです。

そしてそれこそが、わが国に対する政府の姿勢を示しています。

各国の要人による晩餐会が開かれるのは、儀礼に従うことで、お互いの敬意を確認するためです。フランスは「饗宴外交」を生み出しました。ナポレオン帝政下で外相を務め、「外交の天才」と称されたタレーランは、フランス料理の基礎を築いたアントナン・カレームを雇い、ウィーン会議の間、料理を作らせます。列国の代表は単に豪華というだけではなく、背後にある洗練された美意識に酔ったのです。

こうしてフランスは敗戦国として交渉を乗り切りました。

《禽獣《きんじゅう》はくらい、人間は食べる。教養ある人にして初めて食べ方を知る》とフランスの政治家ブリヤ・サヴァランは言いました。各国首脳が「禽獣」をどのように観察していたか容易に想像がつきます。

安倍ほど日本語がおかしな総理大臣はいなかったのではないでしょうか。簡単な漢字も読めず、語彙《ごい》も極度に少ない。何を食べても感想は「ジューシー」です。桃を食べたときの感想は「甘くてジューシーだ」。メロンを食べたときの感想は「甘くてとてもジューシーだ」。種なしブドウを食べたときの感想は「ジューシーですね。おいしい」。柿を食べたときの感想は「ジューシーで」。

果物だけではない。キュウリを食べても「みずみずしくて、ジューシー」。トマトを食べても「とてもおいしい。ジューシーで」。三浦半島酪農組合連合会が官邸を訪れ、ブランド和牛「葉山牛」のビーフジャーキーを安倍に食べさせると、やはり「非常にジューシーだ」と発言。

自民党のネット番組「カフェスタ」では「割とジューシーなものは何でも好きですね」と発言しています。

この男が逡巡《しゅんじゅん》もなしに国家の解体に手を付けたのは、やはり「言葉」の問題が関わっていると思います。

三島由紀夫は復古も民族主義も退けた

三島もまた公定ナショナリズムを問題視しました。

三島は《アジアにおける西欧的理念の最初の忠実な門弟は日本であった》と言います。

しかし日本は近代史をあまりに足早に軽率に通り過ぎてしまった。近代化を急ぐあまり、西欧的理念の表層だけを受容し、啓蒙思想の危険性を説いてきた真っ当な知の系譜を無視してしまった。

三島は言います。

《日本はほぼ一世紀前から近代史の飛ばし読みをやってのけた。その無理から生じた歪みは、一世紀後になってみじめに露呈されたが、世界各地の後進諸国で、今や近代史の飛ばし読みがはじまっている。一度動きだしたら、もうゆっくり読んでいる暇はないのだ》(「亀は兎に追いつくか?」)

即席の近代を神棚に飾った結果、近代の負の側面が暴走したのが日本です。

《近代史の飛ばし読み》により、われわれは、自分たちが何をやっているのかさえわからなくなってしまった。こうして自称「保守」が「急進的改革」を唱え、権力の中枢において国家の解体が進められ、「愛国者」が「売国奴」を礼賛するグロテスクな時代がやってきました。

三島は近代の問題を理解していたので、復古も民族主義も退けました。

《しかし、何はともあれ、共産主義にとってもファシズムにとっても、もっとも利用しやすい民族主義が、目下のところ、国家に代って共同体意識の基本単位と目されているだけに、民族主義のみに依拠する危険は日ましに募っている》（「文化防衛論」）

そのうえで三島は、都市化・工業化が地域共同体を破壊したことによる、日本人の精神の変質を問題にしました。

《たとえば国を守るということだが、その国とは一体何だ──と質《ただ》せば国土だという返事がくる。しかし、家庭を守り、家庭の延長としての村を守り、町を守り、府県を守り、それ

三島由紀夫
（1925～1970年）
日本の小説家、劇作家。一九四九年に発表した『仮面の告白』で文壇での地位を確立。著書に『金閣寺』『豊饒の海』など。ボディビルや楯の会結成などでも注目を集める。写真：AP/アフロ

から国を守るという、一種の地域共同体へのつながりがあり、それがさらに天皇陛下につながって、一つ引っ張るといも蔓《づる》式に自分と社会、国家というものが一本の綱のようになっていた昔と違って、こういう綱が現在は断たれてしまっている。これは日本が敗戦したからというだけではなく、世界的な傾向としての都市化現象、近代化現象の結果そうなっているのであり、工業化の勢いが前資本主義的地域共同体をばらばらにしてしまったためである》（「栄誉の絆でつなげ菊と刀」）

見事なナショナリズムの分析です。

三島は言います。

《私見によれば、祭政一致的な国家が二つに分離して、統治的国家（行政権の主体）と祭祀的国家（国民精神の主体）に分れ、後者が前者の背後に影のごとく揺曳しているのが現代の日本である。近代政治学が問題にする国家とは、前者にほかならない。ところで自由世界の未来の国家像は、ますます統治国家がその統治機能を、自治体、民間団体、企業等へ移譲し、国家自体は管理国家としてのマネージメントのみに専念し、言論やセックスの自由は最大限に容認し、いわばもっとも稀薄な国家がもっとも良い国家と呼ばれることになろう。そこでは時間的連続性は問題にされず、通信連絡、情報、交易の世界化国際化による空間的ひろがりが重んじられる。スポーツや学術をはじめ、多くの領域で世界国家的イメージが準備される》（「『変革の思想』とは」）

前半はスミスの議論を、後半はトクヴィルの議論を思い出してください。

三島は西欧化により、《それを失えば、日本が日本でなくなるというもの》を「日本精神」と呼びました。

《太古以来純粋を保ってきた一つの文化伝統、一言語伝統を守ってきた精神を守るということだ。しかし、その純粋な日本精神は、目に見えないものであり、形として示すことができないので、これを守れといっても非常に難しい。またいわゆる日本精神というものを日本主義と解釈して危険視する者が多いが、それはあまりにも純粋化して考え、精神化し過ぎている。目に見えないものを守れということは、とかく人を追いつめて行くもので、追いつめられると腹でも切るよりほかなくなってくる。

だから私は、文化というのをそのように考えない。文化というものは目に見える、形になった結果から判断していいのではないかと思う。従って日本精神というものを知るためには目に見えない、形のない古くさいものと考えずに、形のあるもの、目にふれるもので、日本の精神の現れであると思えるものを並べてみろ、そしてそれを端から端まで目を通してみろ、そうすれば自ら明らかとなる。そしてそれをどうしたら守れるか、どうやって守ればいいかを考えろ、というのである》(「栄誉の絆でつなげ菊と刀」)

三島にとってそれは「言葉」でした。

ナショナリズムの統一原理が過去から再発見されたものであるとしても、そもそも古典とはそういうものです。それは汲《く》みつくせない井戸のように、日々、現代的に生まれ変わる。

三島は、天皇を根拠とすることが反時代的であるという時代思潮の中で、そうであるがゆえに、天皇をかかげました。近代の構造を理解した上で、統合原理について考えたわけです。

保守を日本語の問題として捉えた福田恆存

福田恆存もまた保守を常に「日本語」の問題として捉えてきました。

福田は言います。

《ぼくたちのおちいつてゐる真の混乱は日本の近代とともにはじまつた。そしてこの七十年、ぼくたちはつねに混乱の季節のうちに生きてきたのであり、それ以外のものを知つてはゐない。

（中略）

今日もしあたらしい時代がひらかれようとするならば、まづこの混乱をただし、この混乱をあきらめることからはじまらねばならぬ。いや、いまはなによりも混乱そのものに気づくことがたいせつである。現代におけるあらゆる現象的なさわがしさは、この混乱に無感覚であることから生じてゐる》（「一匹と九十九匹と」）

今はあらゆる言葉が混乱している時代です。特に政治の混乱は、われわれが近代の問題を直視してこなかったことに要因があると思います。

福田は言います。

《近代日本のゆがみはヨーロッパの罪ではなく、ぼくたち日本人の負ふべき責任である。そのことが当時の知識人の課題となつた。当然、ヨーロッパにおける近代の超克と日本における近代の超克とは、まつたく次元を異にするものである。日本に近代などありはしなかつた――それゆゑにこそ、ヨーロッパの近代がこの極東の島国におよぼした余波に対して、ぼくたちはなんらかの防波堤を築かねばならなかつたのである。そのこころみの真意はヨーロッパ近代精神の正統に参与することにほかならない。この流れのそとに世界精神の未来は考へられず、この流れに参入することなしに、日本が日本としての自律性をかちえることもありえない》（「近代の宿命」）

保守は近代の内部で近代について考え続けることに他なりません。

福田はいわゆる公定ナショナリズムについて次のように述べます。

少し長い文章ですが、大事なところなので、そのまま引用します。

《元来のナショナリズム（国家主義）はフランス大革命から十九世紀後半にかけての近代国家の確立を、即ちヨーロッパ共同体からの国家的自律性を目ざすものであり、その意味において、それは個人の自由といふ観念と並行し、互ひに相手を補強促進する協調関係が成立つてゐた。そこでは国家と個人の利害が比較的一致する。さういふ両者の利害関係を他に先んじて調整

福田恆存
（1912～1994年）
日本の評論家、劇作家。保守派の代表的人物として昭和期の論壇で活動した。「ハムレット」をはじめとした『シェイクスピア全集』の翻訳で岸田演劇賞を受賞。　写真：毎日新聞社／アフロ

し得た国を先進国と言ふ。ヨーロッパ大陸ではフランスが革命の流血と他国の侵略といふ荒療治を以て最も早くそれに成功したが、イギリスは島国であつて大陸共同体の束縛が緩かつた為、既にヘンリー八世、エリザベス一世の時代に早くも独立国家への道を歩き始めてゐた。その英仏両国に較べて他国は著しく遅れを取つた。この事実は重要な意味を持つ。遅れを取つた国々のナショナリズム（国家主義）は先進国のそれの様に国家と個人の利害は容易に一致しない。対外的には斉《ひと》しく国家的自律性を目ざすナショナリズム（国家主義）であつても、対内的には個人の自律性を犠牲にし、個人に対して国家への忠誠を要求しなければならなくなる。さういふ羽目に追込まれた国々を後進国と言ふ。

そこではナショナリズム（国家主義）そのものが既に変容してゐる。対外的には斉しく国家的自律性を目ざすものとはいへ、それは先進国に対する劣性の意識と守勢の立場とから、逆に攻撃的姿勢を取り、自国の国家的優位を確立しようとする。その専らの関心事は自律性よりは優位性にある。優位性によつてしか自律性が得られぬからである。十九世紀末から今世紀前半にかけて、さういふ後進国中での最先進国がドイツであり、それが第一次、第二次に亙《わた》る二度の大戦の震源地となつた。第二次大戦では、南欧、東洋での最先進国であるイタリアと日本とがそのドイツと歩調を合せた。過去四百年に亙る近世近代史は、好むと好まざるとに拘《かかわ》らず、世界史的規模によつて押し進められて来た近代化の過程において、先進国と後進国との間に醸し出される利害相剋《さうこく》の歴史と単純に割切る事が出来よう》（「現代国家論」）

福田が指摘するように、《フランスが革命の流血と他国の侵略といふ荒療治》により近代に移行したのに対し、イギリスでは長期にわたり近代化が漸進的に進行した。その結果、伝統的な要素を完全に切り捨てるようなことはありませんでした。

いずれにせよ、フランスとイギリスには先行する「モデル」はなかった。

福田は日本がナショナリズムを受容する過程で《後進国特有の適応異常現象》が発生したと指摘します。そして悲しいことに、適応異常現象は現在に至るまで続いています。

福田は言います。

《ナショナリズムを国家意識と訳さうが民族主義と訳さうが、それが日本固有の文化や価値観と何の関係も無い。それは対外的に強ひられた日本の一時期の姿勢に過ぎない。西洋に適応する為の国家意識であり民族感情なのである。西洋に強ひられた姿勢を、ナショナリズムといふ言葉に欺かれて自国本来の姿と見誤るのはをかしい。国家といふ概念はその国の歴史に則し、国際情勢の変化に随《したが》つて変化する。国家意識や民族感情と国体とは全く別個のものである。前者を後者と混同した為に、吾々は吾々の国体を失つた、或は失ひかけてゐるのではないか》（同前）

「愛国ブーム」に乗った自称保守向け雑誌

近代の流れは一方通行です。

そしてすでに述べたように、保守とは火事が発生したときに、火を消す存在であり、その進行を遅らせることしかできない。いやそれどころか遅らせることさえできない。要するに、保守は最初から負けているのです。敗者であることを選びとり、生の核心に近づく努力をするのが保守です。

最初から絶望しているので、結局、生き方の問題になってきます。それでもやるのか、隠遁《いんとん》するのか。ニーチェの『ツァラトゥストラ』もそういう物語でした。

故郷を捨て山に篭《こ》もり、自分の精神と孤独に向き合ったツァラトゥストラは、ある日山を下り、群衆に「大地から離れた希望を信じてはいけない」と語りかけます。

しかし、群衆は一切耳を貸さない。

群衆はツァラトゥストラをバカにし、憎みました。

群衆には言葉は届きません。

ツァラトゥストラは、自分が語りかけるべき相手は、ごく少数の「仲間」「一人で生きる人たち」だと気づきます。

その一方で、常に権力者に近づき、自画自賛を始め、いかがわしいイデオロギーに飛びつく連中がいます。福田の指摘する《西洋に強ひられた姿勢を、ナショナリズムといふ言葉に欺かれて自国本来の姿と見誤る》ような人たちです。

最近はどうなのか知りませんが、一時期、書店にネトウヨ本があふれていました。情弱の自称保守向け月刊誌もそこそこ売れているみたいなので、「愛国ブーム」も完全に終わったわけではないのでしょう。

興味深いのは、こうした動きが、日本が三流国に転落していくのと軌を一にしていることです。共同体から切断された大衆は、不安に支配され、新しい生き方を提示し、人生の目的を与えてくれる疑似共同体に接近していく。現実を直視できず、不安に支配された人たちです。こういう人たちを慰める『産経新聞』や『正論』『ＷｉＬＬ』『月刊Ｈａｎａｄａ』みたいなビジネスもあります。いわゆるネトウヨは高齢者が多いといわれていますが、要するにジジイの自慰史観ですね。いわば高齢者向けのエロ本です。

不安に支配されている人たちは、自分たちより下のものを叩いて安心したいのですが、現実との整合性がなくなってきたので、ことさらに「日本スゴイ」と叫ぶわけです。

しかし、一流の人間は「私は一流です」とは言いません。自分の能力に確信があれば、自画自賛する必要はない。クズに限って、言葉の端々に「自分は一流アピール」を組み込みます。

一昔前に韓国人の自画自賛を「ウリナリズム」と笑っていた連中に限って、そういうものに飛びついたりする。そして反中、反韓に夢中になる。

ゲーテは言いました。

《国民的憎悪というものは、一種独特なものだ。——文化のもっとも低い段階のところに、いつももっとも強烈な憎悪があるのを君は見出すだろう》(『ゲーテとの対話』)

やはり社会の底辺はうまくコントロールされているのだなとため息をつきたくもなります。こうしたものが求められているのは、左翼の言うようなナショナリズムの高揚ではありません。ナショナリズムが希薄になってきた反動であり、単なる知性の劣化にすぎません。

多くの日本人はアメリカ隷属を望んでいる

ここまでの議論をまとめると、わが国は近代の受容に失敗したと言えます。自己欺瞞を続け、ナショナリズムの本質と向き合うことも拒絶した。その結果、政治は腐敗し、大衆はマーケティングとプロパガンダの餌食《えじき》となりました。

安倍晋三は「竹中（平蔵）先生は愛国者」と言い放ちましたが、こうなると「愛国」の定義も難しくなってくる。新自由主義と人材派遣ビジネスにより社会を破壊するのが「愛国」なら、国家の役割を否定するのも「愛国」になってしまう。これは丸い三角、冷たい熱湯といった矛盾そのものですが、わが国の言論状況はほとんどそれに近くなってきています。

余談ですが、昔、居酒屋で「熱燗《あつかん》を温燗《ぬるかん》でくれ」と言ったオッサンを見かけたことがあります。熱い燗酒が熱燗で、温い燗酒が温燗です。

安倍政権下においては、ありとあらゆる言葉が捻《ね》じ曲げられました。

移民は「外国人材」、家族制度の破壊は「女性の活用」、戦争に巻き込まれることは「積極的平和主義」、秩序破壊のための実験は「国家戦略特区」、不平等条約のＴＰＰは「国家百年の計」、南スーダンの戦闘は「衝突」……。嘘が発覚したり、論理的な整合性がとれなくなれば、現実のほうを歪める。議事録の修正、公文書の改竄《かいざん》、日報の隠蔽《いんぺい》、データの捏造。歴史的事実に手が加えられるなら、あらゆる判断も主張も意味をなさなくなります。

戦後の欺瞞もここに行き着いたという話です。

アメリカ隷従を進め、戦後レジームからの脱却を唱えながら戦後レジームを固定化した安倍を自称保守が礼賛する倒錯もこうした過程で発生します。「日本は今こそ自立を」と言いながら全力で自立を拒否する。自立というなら、わけのわからない加憲論や売国政策を批判するはずだが、そうはならない。なぜなら本音では「自立」など考えていないからです。

結局、日本人の多くはアメリカ隷属を望んでいるのです。

アメリカケツ舐め路線、全方向売国路線を突き進んだ安倍政権が七年八カ月もの間、放置されてきたという事実を見る限り、日本人の多くは「自立しない」という道を選んだのでしょう。しかし、それを認めたくないので、自己欺瞞が必要になります。

第一章で紹介したエーリヒ・フロムもこうした人間のメンタリティーをゲルナーやアンダーソン同様にプロテスタンティズムと資本主義の中に見いだしました。

ルターは人々を教会の権威から解放したが、人々をさらに専制的な権威、すなわち神に服従させた。

《ルッターの「信仰」は、自己を放棄することによって愛されることを確信することであった。それは国家とか「指導者」にたいし、個人の絶対的な服従を要求する原理と、多くの共通点をもつ解決方法である》(『自由からの逃走』以下同)

ジャン・カルヴァンは「予定説」において人間の運命は決定されていると唱えました。

フロムはこう言います。

《カルヴィニストはまったく素朴に、自分たちは選ばれたものであり、他のものはすべて神によって罰に決定された人間であると考えた。この信仰が心理的には、他の人間に対する深い軽蔑と憎悪とをあらわすことは明らかである》

資本主義は人間を伝統的な束縛から解放し、自由な存在にしました。

《個人の努力によって、成功することも経済的に独立することも可能になった。金が人間を平等にし、家柄や階級よりも強力なものとなった》

そして個人は孤立します。共同体はすでに破壊されているので、復古は意味を持たない。大衆は疑似共同体、自分を縛り付けてくれる権力を探し求めるようになります。

ファシズムという破壊運動

ファシズムは既成の支配的秩序を壊す大衆運動です。

その特徴は、中心は空虚で内容がないことです。そこでは事実かどうかは問題でなくなり、破壊という運動そのものが自己目的化していきます。

ナチスもそうだし、日本では維新の会が発生しました。

私はナチスやヒトラーと絡めて、政治家を批判するのは好きではありません。レッテルを貼ればそこで思考が停止してしまう。その上で言いますが、維新の会はナチスと酷似しています。

確信犯的に嘘、デマ、プロパガンダを垂れ流し、反論されても無視、あるいは恫喝《どうかつ》します。ナチスの宣伝相ゲッベルスは「嘘も百回言えば真実になる」と言いましたが、最初から言論の意味など信じていないのです。つまり、真実か嘘かはどうでもよくて、圧倒的な量の嘘を社会に投下すれば勝つというソロバン勘定です。「だまされないで下さい!! 大阪市をバラバラにはしません」という詐欺ビラで大阪市民を騙し、タウンミーティングや街頭演説ではグラフの目盛りをごまかした詐欺パネルを使って参加者を欺いてきました。

共同体から切断され都市部で発生した「大衆」は、不安に支配され、新しい生き方を提示し、人生の目的を与えてくれる疑似共同体に接近していきます。

これまで橋下徹は、タウンミーティングなどで「東京を飛び越えてニューヨーク、ロン

ヨーゼフ・ゲッベルス
（1897～1945年）
ドイツの政治家。ハイデルベルク大学在学中は哲学を専攻。大衆集会による宣伝などでナチ党の党勢拡大を図った。ベルリン陥落直前に総統官邸で家族とともに自殺。　写真：AP/アフロ

ドン、パリ、上海、バンコク、そういうところに並んでいく大阪というものを目指そうとする。これが大阪都構想賛成派」などと大言壮語を繰り返してきた。しかし二〇二〇年一一月の「都構想」を巡る住民投票で反対派が多数を占めたからよかったものの、万が一賛成派が勝っていたら、ニューヨーク、ロンドン、パリに並ぶどころか、大阪市は村以下の特別区に解体され、府の従属団体になり、自治権も失うところでした。

橋下は著書で、

《ウソをつかない奴は人間じゃねえよ》

《私は、交渉の過程で〝うそ〟も含めた言い訳が必要になる場合もあると考えている。正直に自分の過ちを認めたところで、何のプラスにもならない》

と述べている人物です。

オルテガのいう「大衆」、アレントのいう「根無し草」、オークショットのいう「できそこないの個人」という類型。彼らは自己欺瞞を続け、《興奮を約束し、個人の生活に意味と秩序とを確実に与えると思われる政治的機構やシンボル》（フロム）に引き寄せられていく。

これこそ、近代大衆社会が行き着いた徹底した自己喪失という現象です。維新の会の支持層は、都市部の住民で、地域共同体が残っているところでは支持率は低いそうです。

もう一度、トクヴィルの言葉を思い出してください。

《そして、私の見るところ、ある種の法の下では、デモクラシーは民主的な社会状態の促進する精神的自由の火を消してしまい、その結果、かつて階級や人間が押し付けていた拘束をすべて断ち切った人間精神が、今度は大多数のものの一般意思に進んで自分を固く縛りつけることになるのではなかろうか。

もし、民主的諸国民が個人の理性の羽ばたきをこれまで妨げ、あるいは過度に遅らせてきたありとあらゆる力の代わりに、多数者の絶対的な力を置き換えたのであれば、害悪の性格が変わっただけのことであろう。人間が自立した生き方を見出したことにはならない。

厄介なことに、隷属の新しい形を発見しただけであろう》(『アメリカのデモクラシー』)

オルテガは嘆きました。

《サンディカリズムとファシズムという表皮のもとに、ヨーロッパにはじめて理由を示して相手を説得することも、自分の主張を正当化することも望まず、ただ自分の意見を断乎《だんこ》として強制しようとする人間のタイプが現れた。実はこれが新奇さなのである。つまり、正当な理由を持たぬ権利、道理なき道理がこれである。わたしはこの事実の中に、能力を持たずして社会を指導しようと決心してしまった大衆の新しいあり方のもっとも明確な現れを見るのである》(『大衆の反逆』)

主権意識の蒸発

「寸鉄人を刺す」という言葉があります。

二〇一八年一二月二〇日、ロシア大統領のウラジーミル・プーチンは、記者会見で北方領土を日本に引き渡した場合に米軍が駐留する可能性を懸念し、沖縄の基地問題を例に「日本にどのくらい主権があるのかわからない」と発言します。

もう笑うしかありません。

「日本はアメリカの属国だろ」と言っているわけですから。

ロシア政府がウラジオストクで開いた「東方経済フォーラム」全体会合で安倍は演説。プーチンに向かって、「ウラジーミル。君と僕は、同じ未来を見ている。行きましょう、プーチン大統領」「ゴールまで、ウラジーミル、二人の力で、駆けて、駆け、駆け抜けようではありませんか」と発言。

一方、プーチンは安倍を「金づる」「ぱしり」くらいにしか思っていない。安倍がウラジオストクに到着した日には、色丹島に建設された水産加工場の稼働式典にテレビ中継で祝辞を述べ、実効支配をアピール。会合翌日には「(北方領土は)スターリンがすべてを手に入れた。議論は終わりだ」と切り捨てました。

要するに最初から一島たりとも返すつもりはないわけです。

二〇一八年九月一二日、プーチンは、平和条約締結後に二島の引き渡しを明記した日ソ共同宣言に言及した上で、「前提条件をつけずに年内に平和条約を締結し、すべての問題の議論を続けよう」と発言します。これは日本とロシアが積み重ねてきた交渉のすべてを反故にするものですが、安倍は拒絶するどころか謎の満面の笑み。この態度が問題になると、「プーチンに対し直接反論した」と嘘までついています。

ある意味で安倍の言う「戦後外交の総決算」は達成されました。日本の完敗という形で。

実際、政府は「北方四島は日本に帰属する」という記述を外交青書から削除しています。戦後の平和ボケもここに極まったと言うべきでしょう。

過去には「ポツダム宣言というのは、米国が原子爆弾を二発も落として日本に大変な惨状を与えた後、『どうだ』とばかり（に）たたきつけたものだ」（『Ｖｏｉｃｅ』二〇〇五年七月号）と語っていました。

一九四五年七月二六日、アメリカ合衆国大統領、イギリス首相、中華民国主席の名において大日本帝国にポツダム宣言が突きつけられます。

八月六日にはアメリカ軍により広島に、八月九日には長崎に原子爆弾が投下されました。そして八月一五日、玉音放送により、日本の降伏が国民に公表されます。

二〇一五年五月二〇日、国会で安倍は「私はまだ（ポツダム宣言の）その部分をつまびらかに読んでおりませんので、承知はしておりませんから今ここでただちにそれに対して論評することは差し控えたいと思います」と発言。ポツダム宣言はわずか一三条で、プリント用紙二枚ほどです。「その部分」も「つまびらか」もあったものではない。

義務教育レベルの知識のない男が、戦後がどうしたこうしたと騒ぐようになったのが、日本の戦後でした。ポツダム宣言がわかっていなければ、サンフランシスコ講和条約もわかっていないのでしょうし、北方領土問題がなぜ発生したかも理解していないということになります。

ポツダム宣言は戦後そのものを決定する文書です。

日本人は国家、主権、ナショナリズムの問題を直視してこなかった。近代を知らないままでは列強の食いものになると危惧《きぐ》した福沢諭吉の予言は、昭和、平成、令和で完全に達成されたのでした。

プーチンは安倍を憐《あわ》れむような目で見ていましたが、それは国際社会から日本に対して向けられた眼差《まなざ》しとも言えるでしょう。

おわりに

ナショナリズムを直視せよ

私はこれまで日本に「保守」は根付かなかったと考えてきました。

その証拠に、日本には保守政党のひとつも誕生しなかった。

しかし、そう考えたのは間違いでした。

そもそも日本に「保守」は存在しなかったのです。

ナショナリズムを巡る議論を突き詰めて考えれば、それが明確に見えてきます。

もちろん、福沢諭吉のような天才はいました。あるいは小林秀雄や三島由紀夫、福田恆存のようなまっとうな保守もいました。しかし、それは例外中の例外です。やはり日本は西欧近代を神格化し、公的ナショナリズム（アンダーソン）により外発的（漱石）に国を変造し、精神的に自閉していったのだと思います。

福田は言います。

ウォルター・モンデール
（1928年〜）
アメリカの政治家、弁護士。カーター政権下で副大統領、クリントン政権下で駐日大使を務める。1984年には民主党選出の大統領候補となったものの、レーガンに敗北した。　写真：AP/アフロ

《ぼくたちはまず第一に、ヨーロッパの近代を本質的に究明して日本に真の意味の近代がなかったことを知らねばならぬ。第二に、しかもヨーロッパの近代を索引にしなければならぬ近代日本史をパラレルにもったという実情も同時にみとめねばならない。第三に、この二つの事実を理解しえぬために生ずる混乱を徹底的に克服せねばならない》（「近代の宿命」）

《近代の飛ばし読み》（三島）による《真の混乱》（福田）は、保守による国家の否定、ナショナリズムによるナショナリズムの解体という倒錯に行き着きました。

明治維新においては西欧モデルに従い、敗戦においてはアメリカ的価値観に従い、冷戦後はグローバル資本の論理に従う。そこに日本はありません。

元駐日米大使のウォルター・モンデールは、一九九五年の米軍普天間飛行場の返還交渉

で、日本側が米海兵隊の駐留継続を望んでいたと暴露しています。

いまや「米軍基地を減らせ」と言えば、下手をすると「左翼」と呼ばれます。

精神の奴隷たちが声を振り絞って「縛ってくれ」「管理してくれ」と叫んでいます。

とにかく自立だけはしたくないのです。

日本人とナショナリズムの関係を見てきてわかったことは、自己欺瞞《ぎまん》に関しては、日本は一流であったということです。

もちろん、私も一日本人としてそれを認めたくない。

ではどうすればいいのか?

足元を見ることです。「はじめに」で述べたように、世界史の中で自分が立っている場所を理解することです。そのためにはナショナリズムを直視する必要があります。

なお、本文中の肩書きは当時のものに統一し、敬称は一部を除き省略させていただきました。

二〇二〇年十一月

適菜収

参考文献

『民族とナショナリズム』アーネスト・ゲルナー／加藤節監訳（岩波書店）
『想像の共同体　ナショナリズムの起源と流行』ベネディクトアンダーソン／白井さや他訳（NTT出版）
『ナショナリズムとは何か』アントニー・D・スミス／庄司信訳（ちくま学芸文庫）
『大衆の反逆』オルテガ・イ・ガセット／神吉敬三訳（ちくま学芸文庫）
『世界史』ウィリアム・H・マクニール／増田義郎訳（中公文庫）
『政治における合理主義』マイケル・オークショット／嶋津格他訳（勁草書房）
『歴史とは何か』エドワード・ハレット・カー／清水幾太郎訳（岩波新書）
『死にいたる病　現代の批判』セーレン・キルケゴール／枡田啓三郎訳（中公クラシックス）
『私の個人主義』夏目漱石（講談社学術文庫）
『決定版　三島由紀夫全集』（新潮社）
『ニーチェ全集』（ちくま学芸文庫）
『小林秀雄全集』（新潮社）
『フランス革命についての省察ほか』バーク／水田洋、水田珠枝訳（中公クラシックス）

『ゲーテとの対話』エッカーマン／山下肇訳（岩波文庫）
『福田恆存全集』（文藝春秋）
『自由の条件』Ｆ・Ａ・ハイエク／西山千明他監修（春秋社）
『アメリカのデモクラシー』トクヴィル／松本礼二訳（岩波文庫）
『全体主義の起原』Ｈ・アレント／大久保和郎、大島かおり訳（みすず書房）
『グローバリズム以後　アメリカ帝国の失墜と日本の運命』エマニュエル・トッド（朝日新書）
『自由からの逃走』エーリッヒ・フロム／日高六郎訳（東京創元社）
『倫理としてのナショナリズム　グローバリズムの虚無を超えて』佐伯啓思（中公文庫）
『自由と民主主義をもうやめる』佐伯啓思（幻冬舎新書）
『民族とネイション　ナショナリズムという難問』塩川伸明（岩波新書）
『国民国家とナショナリズム』谷川稔（山川出版社）
『ミシマの警告　保守を偽装するＢ層の害毒』適菜収（講談社＋α新書）
『小林秀雄の警告　近代はなぜ暴走したのか』適菜収（講談社＋α新書）
『ナショナリズムとグローバリズム』大澤真幸他（新曜社）

適菜収（てきな・おさむ）
1975年、山梨県生まれ。作家。ニーチェの代表作「アンチクリスト」を現代語訳した『キリスト教は邪教です！』『小林秀雄の警告　近代はなぜ暴走したのか』『日本をダメにしたB層の研究』（講談社）『国賊論　安倍晋三と仲間たち』『日本人は豚になる　三島由紀夫の予言』（KKベストセラーズ）など著書40冊以上。

編集　小川昭芳
編集協力　松浦貴迪

ナショナリズムを理解できないバカ
日本は自立を放棄した

二〇二〇年十二月六日　初版第一刷発行

著者　適菜収
発行者　飯田昌宏
発行所　株式会社小学館
〒一〇一－八〇〇一　東京都千代田区一ツ橋二－三－一
編集 〇三－三二三〇－五一一七　販売 〇三－五二八一－三五五五
DTP　株式会社昭和ブライト
印刷所　萩原印刷株式会社
製本所　株式会社若林製本工場

 ISBN 978-4-09-388801-1